CHEMINS DE FER D'INTERET LOCAL

DE LA

SEINE-INFERIEURE

Ligne projetée des vallées de la Durdent et de Valmont

RAPPORT

Présenté au Conseil Municipal et à la Chambre de Commerce de Fécamp

PAR LA

COMMISSION DU CHEMIN DE FER D'INTÉRÊT LOCAL DE FÉCAMP A MOTTEVILLE

SUR

L'ensemble des Travaux faits dans l'intérêt de la Ligne projetée et pour la sauvegarde du port de Fécamp pendant les années 1871-72-73.

1873

FÉCAMP

IMPRIMERIE TYPOGRAPHIQUE ET LITHOGRAPHIQUE DE AD. CHEVASSUS ET Cᵉ

22, Rue Sainte-Croix, 22,

13367

Dans sa séance du 16 novembre 1871, le Conseil général de la Seine-Inférieure ayant voté et concédé, *préalablement à toute enquête*, un réseau de chemins de fer d'intérêt local pour le département....., l'avenir du port de Fécamp s'est trouvé sérieusement compromis par le tracé de certaines lignes comprises dans l'ensemble de la concession.

Le Conseil municipal et la Chambre de commerce de Fécamp sont aussitôt intervenus pour défendre énergiquement les intérêts menacés de la cité.

Et après les premières démarches et protestations indispensables, ils ont d'un commun accord remis la complète direction de cette grave et importante affaire à une Commission mixte, composée de :

MM. Ch. Hue-Maze,
    Renaud, ingénieur ⎱ Membres du Conseil municipal.

    Corneille,
    Eugène Marchand, ⎱ Membres de la Chambre de commerce.

Decreus, commissaire de l'Inscription maritime, Président de la Commission.
Franque, courtier maritime.

Le Maire et le Président de la Chambre de commerce en firent partie de droit.

Cette commission après avoir soutenu pendant dix-huit mois les intérêts confiés à sa sollicitude, et bien que la question ne fût pas encore définitivement résolue, a pensé néanmoins qu'il était utile de résumer l'ensemble des travaux faits pendant les années 1871, 1872, 1873 pour la sauvegarde du port de Fécamp, de son commerce, de ses nombreuses industries.

Elle a rédigé, en conséquence, le rapport qu'on va lire :

Lors de la création du chemin de fer de Fécamp, autorisé par la loi du 14 juillet 1845, et exécuté en 1856 seulement, deux courants d'opinion s'étaient manifestés : l'un, pour un tracé direct sur Beuzeville; l'autre, pour un tracé traversant la vallée de Valmont, touchant à Héricourt-en-Caux l'industrieuse vallée de la Durdent, et rapprochant ainsi Fécamp du Nord de la France, de Paris et des grands centres industriels que la ligne de l'Ouest traverse sur tout son parcours

Le prolongement de la ligne d'Étaimpuis à Motteville est venu confirmer plus tard la valeur de cette seconde solution vers laquelle inclinait alors la majorité de Fécamp.

Malheureusement, des influences qu'il serait superflu de discuter ici, entraînèrent l'exécution du premier tracé.

Ce fut une grande faute ! Car si l'on conservait à Fécamp le marché de Bolbec, que le Havre cependant lui disputait et lui dispute encore aujourd'hui..., on limitait à tout jamais l'extension de son commerce maritime et de ses relations à l'intérieur.

Aussi les promoteurs eux-mêmes de la solution définitivement adoptée ne tardèrent pas à reconnaître leur erreur; et Fécamp, dont l'avenir se trouvait ainsi compromis, attendit avec impatience l'occasion favorable de la réparer.

Cette occasion ne pouvait manquer de se présenter tôt ou tard.

En effet : pendant 15 ans, le magnifique pays compris entre Dieppe, Yvetot et Fécamp, et qui forme un vaste rectangle ayant du Nord au Sud environ 35 kilomètres de largeur, et de l'Ouest à l'Est 60 kilomètres de longueur, fut l'objet d'études suivies qui donnèrent lieu à de nombreuses propositions...

Le rapport de M. Cordier au Conseil général, en 1871, constate que l'examen de la Commission des chemins de fer a porté sur 9 projets différents !

Sans entrer ici dans le détail de ces études, il est bon de mentionner, comme intéressant plus particulièrement Fécamp, celles que le Conseil municipal de cette ville fit entreprendre en 1870, sur la proposition de

M. Corneille, adjoint faisant fonctions de maire, pour relier Fécamp
à la ligne de Saint-Valery, par la Durdent, que M. Lowe étudiait alors.

Cette même année aussi, M. Houlbrèque, Président de la Chambre de
Commerce, se préoccupa beaucoup de la question; et il le fit surtout à
ce point de vue que, la Compagnie du Nord venant de se rendre adjudi-
cataire vis-à-vis du Conseil général, de la ligne d'Etampuis à Motteville
comme chemin d'intérêt local, Fécamp devait tout faire pour se relier à
cette ligne et gagner directement ensuite le Nord de la France.

Mais quoiqu'il en soit de tous ces projets antérieurs, il n'y a vraiment
lieu de s'arrêter aujourd'hui qu'à la demande déposée à la Préfecture de
la Seine-Inférieure le 1er Octobre 1871 par MM. Delahante et Girard.

C'est cette demande, en effet, qui fit faire un pas définitif à la question
et qui détermina le Conseil Général à accorder à ces Messieurs la concession du réseau des chemins de fer d'intérêt local de la Seine-Inférieure.

Cette demande tendait à la concession d'un réseau se divisant en
deux groupes :

1° LE RÉSEAU DE LA VALLÉE DE LA SEINE, comprenant :

Du Havre à Caudebec	50 kilom.
Embranchement de Port-Jérôme à Bolbec par Lillebonne.	12 »
Raccordement de Caudebec à Motteville	20 »
De Rouen au Houlme par Déville	9 »
Raccordement de Caudebec avec la ligne de Rouen au Houlme.	22 »
Total pour la vallée de la Seine	113 kilom.

2° LE RÉSEAU DU PAYS DE CAUX, comprenant :

De Motteville à *St-Valery-en-Caux* par *Cany*	41 kilom.
Embranchement de Héricourt-en-Caux à Fécamp par Valmont	27 »
Total pour le réseau du Pays de Caux	68 kilom.

Cette dernière proposition contenait évidemment en principe le desideratum de Fécamp, dont elle réalisait les espérances de 20 années !

Toutefois, qu'il soit permis de dire ici, dès le début, qu'elle revêtait
dans la circonstance un caractère tout nouveau : celui d'un acte de justice imposé par la concurrence désastreuse que les lignes du Havre et
de Port-Jérôme, comprises dans le réseau de la vallée de la Seine,
allaient créer à Fécamp en lui enlevant le marché de Bolbec et de Lillebonne.

Car bien que l'on ait dit au Conseil général, dans la séance du 16 Novembre 1871, que Fécamp était un nouvel élément introduit dans la question... On peut ici affirmer le contraire ; la ligne *de Fécamp à Motteville était comprise* dans la proposition de MM. Delahante et Girard. Et n'y eût elle pas figuré, que la création du réseau de la Seine eût dû forcément faire introduire cette compensation en faveur de Fécamp.

Le Conseil général saisi de la demande de MM. Delahante et Girard accueillit avec empressement cette occasion d'achever enfin le réseau des chemins de fer de la Seine-Inférieure et de satisfaire de nombreux intérêts jusqu'alors sacrifiés.

Il nomma une commission spécialement chargée de l'étude de cette importante question.

Aussitôt, plusieurs lettres furent échangées entre l'Administration Municipale de Fécamp et M. le Général Robert, son représentant. Sur l'avis de cet honorable Conseiller, deux lettres furent adressées au Conseil Général : l'une concernant la ligne de Fécamp à Motteville ; l'autre, celle de Port-Jérôme à Beuzeville. Fécamp appuyait la proposition de MM Delahante et Girard et insistait principalement sur la nécessité de compenser la situation ruineuse que le réseau projeté de la Vallée de la Seine allait lui créer.

Malheureusement Fécamp et ses vallées avaient à leur insu de sérieux adversaires qui allaient trouver hélas ! un point d'appui jusque dans l'empressement très louable d'ailleurs de la commission du Conseil général, à doter le département du réseau projeté.

En effet, tel était son désir de hâter la conclusion de cette importante affaire, que cette commission se décida tout à coup à en terminer avant même que les représentants naturels et légaux des intérêts mis en question, aient pu prendre connaissance des projets soumis à son examen ; et, sans que l'on y pensât, Fécamp fut sur le point d'être complètement sacrifié.

Nous disons « *complétement sacrifié*, » car, du moment où, sans lui offrir *une nécessaire et équitable compensation*, l'on assurait l'approvisionnement des usines de Bolbec et de Lillebonne, par le réseau de la vallée de la Seine..., le transit si considérable des charbons anglais qui s'effectue aujourd'hui par son port était fatalement condamné à s'amoindrir jusqu'aux plus infimes proportions !...

Et quant aux vallées de la Durdent et de Valmont, la ville de Saint-Valery, dédaigneuse d'aller à Yvetot, et désireuse d'arriver à Motteville par le trajet le plus court, disposait d'influences assez puissantes pour faire oublier que, si son sort peut ne pas être intimement lié avec celui de Cany et de la Vallée de la Durdent toute entière, cette ville et cette vallée, comme la vallée de Valmont et toute la riche et populeuse région du Pays de Caux dans laquelle elles sont assises, ont aussi les droits les plus incontestables d'être desservies par une voie ferrée.

Peu s'en est fallu, en effet, que ces vallées ne fussent mises à l'écart.

En présence d'un état de choses aussi incompréhensible, le général Robert demanda à Rouen, en toute hâte, M. A. Legros, Maire de Fécamp, et quelques Membres du Conseil municipal.

M. Legros partit aussitôt, accompagné de son premier adjoint et de M. l'ingénieur Renaud, membre du Conseil. Le but de leur voyage était de se faire entendre de la Commission du Conseil général, mais ce fut en vain; on refusa de les recevoir, ou, pour mieux dire, ils furent littéralement éconduits. Les représentants des vallées avaient eu le même sort.

Et le jeudi 16 novembre 1872, malgré les protestations de MM. Robert, Roquigny, Darcel et de Beauvoir, et malgré l'adhésion de 17 membres aux propositions de ces messieurs, le Conseil général décida la création de deux lignes distinctes : l'une, de Motteville à Saint-Valery ; l'autre, d'Yvetot à Fécamp.

Et puis, comme s'il fallait en finir, de peur qu'une enquête ne vint contrarier cette solution désastreuse imposée à Fécamp et aux industrieuses vallées du Pays de Caux, la concession fut faite sur l'heure, avec faculté aux concessionnaires « de ne commencer les travaux de la ligne de Fé- « camp que lorsque celle de Saint-Valery aurait atteint une recette brute « *minima* de fr. 12,000, par kilomètre; et en tout cas dans un délai qui ne « pourrait dépasser trois années à partir de la mise en exploitation de la « ligne de Saint-Valery ! »

Aussi le général Robert se crut-il autorisé à protester dans cette mémorable séance du 16 novembre, en disant : « que le maire de Fécamp « et les autres délégués de cette ville auraient pu être utilement en- « tendus. »

Qui eût pu songer un instant, en effet, que, dans une question de cette importance, le Conseil général eût consenti, *sans enquête et sans avoir voulu entendre les intéressés*, à sacrifier par une précipitation inexplicable et que rien ne justifiait, un des principaux ports du département de la Seine-Inférieure, et l'un des premiers ports de pêche de France ?

Certes, le tracé de cette région aurait pu être réservé jusqu'aux enquêtes.

La Chambre de commerce de Fécamp se refusait à croire à une manière de procéder aussi contraire à toutes les règles admises.

Dans sa séance du 9 novembre, au moment même où le général Robert demandait à Rouen M. le maire et quelques conseillers municipaux, la

Chambre de commerce était saisie d'une proposition de M. Marchand tendant à l'envoi d'un rapport au Conseil général... et la Chambre fut unanime à réserver cette question. Dans sa pensée, il n'y avait pas urgence à agir ainsi ; elle était convaincue que rien de définitif ne pouvait être fait par le Conseil général tant qu'une enquête n'aurait pas été ouverte sur les divers projets en présence. C'était aussi l'avis de tous les hommes compétents !

Mais on avait compté sans la tactique des adversaires de Fécamp : le Conseil général était engagé, et cette habile manœuvre devait produire ses fruits.

La suite de ce rapport le démontrera suffisamment, et alors nous demanderons à tout homme impartial, si Fécamp pouvait accepter de gaieté de cœur un pareil dénouement et subir impassible la situation ruineuse qu'on lui imposait.

Il lui restait donc à protester avec énergie contre cette manière de procéder.

C'est ce que fit sans tarder sa Chambre de Commerce.

Dans sa séance du 24 novembre cette Assemblée chargea MM. Corneille, Houlbrèque et Marchand de rédiger une protestation immédiate sous forme de Mémoire... (1); et, le 29 janvier suivant, ces Messieurs se rendirent à Versailles où ils furent reçus par M. le Ministre des travaux publics et par M. de Franqueville, directeur général des chemins de fer.

Le Mémoire tenant compte, dans une certaine mesure, de la décision du Conseil général, concluait au moins à un tracé direct de Fécamp à Motteville et de Cany à Yvetot, les deux lignes se croisant vers Hautot-Saint-Sulpice, et permettant aux localités précitées, Fécamp et Cany, de se rendre indistinctement soit à Motteville soit à Yvetot et communiquant également entre elles.

Les délégués de la Chambre de Commerce reçurent du Ministre et de M. de Franqueville le meilleur accueil. Ces Messieurs parurent frappés de la justesse des observations présentées, et ils donnèrent aux délégués cette assurance que le décret d'utilité publique ne serait pas rendu avant que l'enquête voulue par la loi n'eût permis aux intéressés de se faire entendre.

M. le Président de la Chambre de Commerce put s'entretenir également

(1) Voir ce Mémoire dans le Compte-rendu des Travaux de la Chambre de Commerce pendant l'année 1872.

2.

avec M. Girard qui n'hésita pas à déplorer avec lui les tracés adoptés par le Conseil général, déclarant que les intérêts de sa compagnie étaient les mêmes que ceux de Fécamp et que le *tracé commun* par la Durdent, qu'ils avaient d'ailleurs proposé les premiers, était le seul tracé rationnel.

De retour à Fécamp, les délégués rendirent compte à la Chambre de commerce de leur mission; et sur la proposition de M. Corneille, une lettre de remercîments fut adressée au Ministre avec un nouvel exposé de la question.

Enfin, le 2 Mars 1872, parut l'arrêté préfectoral décidant que l'enquête sur le réseau projeté aurait lieu du 15 Mars au 25 Avril.

La Chambre de Commerce décida alors de présenter des observations écrites sur les deux lignes de Motteville à St-Valery et d'Yvetot à Fécamp. Elle chargea sa précédente commission de les rédiger, et elle désigna spécialement MM. Corneille et Marchand pour donner aux commissions d'enquête les explications orales nécessaires.

De son côté, le Conseil municipal ne restait pas inactif.

Dans ses séances des 5 et 26 Février, M. Ch. Hue-Maze avait appelé l'attention de l'Administration sur les faits qui venaient de se produire, et M. le Président de la Chambre de Commerce avait exposé au Conseil les démarches faites auprès du Ministre par lui et ses collègues de la Chambre.

Or, le 22 Mars, M. le Maire réunit de nouveau son conseil, et après lui avoir exposé les conséquences désastreuses qu'entraînerait pour Fécamp l'adoption définitive du tracé du Conseil général et déclaré que c'était « *une question de vie ou de mort pour notre ville, pour nos intérêts maritimes et commerciaux....* » il conclut à la nomination d'une commission chargée de s'entendre avec la Chambre de Commerce pour ne déposer devant les commissions d'enquête qu'un seul et même dire, et assurer par une action commune le triomphe des intérêts en jeu.

M. Ch. Hue-Maze demanda aussitôt qu'à cette commission fussent adjoints les principaux représentants du commerce et des nombreuses industries de Fécamp, afin d'associer pour ainsi dire la population toute entière à cette question la plus importante peut-être que la ville de Fécamp ait jamais eue à traiter.

Ces deux propositions furent immédiatement accueillies; et M. Houlbrèque crut pouvoir assurer le Conseil municipal que la Chambre de Commerce mettrait le plus grand empressement à s'entendre avec cette commission dans l'intérêt général.

Furent nommés :

MEMBRES PRIS DANS LE CONSEIL MUNICIPAL

MM. Legros, maire, banquier.
Renault, adjoint, négociant,
Maze, adjoint, commerçant.
A. Boufart, négociant.
Brument, constructeur.
Chalange, meunier.
Martin Duval, armateur,
Gayant, inspecteur général des Ponts et chaussées.
Ch. Hue-Maze, commerçant, juge au Tribunal de Commerce.
Renaud, ingénieur des ponts et chaussées.

MEMBRES PRIS EN DEHORS DU CONSEIL MUNICIPAL

MM. Decreus, commissaire de l'Inscription maritime.
Duhamel, capitaine.
V. Franque, courtier de navires.
A. Leborgne fils, négociant.
Levieux, industriel.
Merlié-Lefebvre, directeur de corderie.
Honoré Monnier fils, armateur.
Milon, négociant.
Papelorey, commerçant.

Cette Commission se réunit le lendemain, 23 mars, à l'hôtel de ville, sous la présidence de M. le maire ; et après avoir composé son bureau de

MM. Legros, maire, président.
Decreus, vice-président.
V. Franque,
Ch. Hue-Maze, } secrétaires.
Milon,
Renaud, } membres délégués,

Elle chargea ces messieurs de se mettre immédiatement en rapport avec la Chambre de commerce et de préparer l'ensemble du travail sur lequel elle statuerait définitivement ensuite.

En conséquence, le 3 avril suivant, MM. Decreus, Franque, Ch. Hue-Maze et Renaud furent reçus par la Chambre de Commerce ; MM. le maire et Milon s'étaient fait excuser.

Après un mutuel échange d'explications indispensables qui amenèrent M. l'ingénieur Renaud à déclarer à la Chambre qu'il accompagnait M. le maire à Rouen le 10 novembre dernier ; que malgré tous leurs efforts ils n'avaient pu réussir à être entendus par la Commission du Conseil général qui avait formellement refusé de les recevoir ; que par conséquent ils n'avaient pris aucun engagement, et que la question était intacte....

La Chambre et la Commission municipale prirent les résolutions suivantes :

La Chambre de commerce déposera aux enquêtes son précédent mémoire accompagné de nouvelles observations ; et la Commission municipale en rédigera un autre, au nom de la ville, sur les bases ci-après :

1° *Première proposition.* — Tracé direct de Motteville à Saint-Valery par la Durdent, avec embranchement d'Héricourt-en-Caux à Fécamp et tronçon de Hautot-Saint-Sulpice à Yvetot si on voulait à tout prix désintéresser cette dernière localité ;

2° *Seconde proposition :* Tracé direct de Motteville à Fécamp avec embranchement d'Héricourt-en-Caux à Cany ; et ligne directe de St-Valery à Yvetot par Doudeville : ces deux lignes se croisant vers Vauville-les-baons, de manière à permettre d'aller indistinctement de St-Valery et de Fécamp à Motteville et à Yvetot.

3° Accepter, mais subsidiairement, la variante faisant passer la ligne de Fécamp par Grainville (Cany) et seulement autant que les concessionnaires l'exigeraient en faisant à Fécamp la réduction kilométrique.

4° Protester contre le délai accordé pour la construction de la ligne de Fécamp et demander qu'elle soit exécutée en même temps que celle de St-Valery.

Les choses ainsi entendues avec la Chambre de commerce, les délégués de la Commission municipale pensèrent qu'avant de faire leur rapport, il était utile d'avoir une conférence avec le Conseiller général du canton de Cany dont les intérêts étaient étroitement liés à ceux de Fécamp.

A cet effet, ils envoyèrent Messieurs Ch. Hue-Maze et Franque auprès de M. Roquigny qui prenait part aux travaux du Conseil général réuni en session. M. Roquigny approuva en tous points les résolutions prises par la Chambre de Commerce et la Commission municipale de Fécamp.

Les délégués profitèrent aussi de leur voyage pour se faire auprès des membres du Conseil général les interprètes des plaintes de la ville de Fécamp. Et grand fût leur étonnement de voir la plupart de ces messieurs se rendre à leurs réclamations, regretter la précipitation avec laquelle la chose avait été faite, et leur donner rendez-vous à l'enquête. Mais, hélas ! ils comptaient sans l'engagement contracté avec MM. Delahante et Girard.

Le Conseil général avait dans sa séance du 16 Novembre aliéné sa liberté d'action. Il n'avait plus vis-à-vis des concessionnaires le droit de rectifier une erreur ou de réparer un oubli commis sur un point quelconque du réseau en question sans compromettre l'ensemble. Ou bien alors, il lui eût fallu, en présence des résultats de l'enquête, faire acte de fermeté vis-à-vis des concessionnaires, qui certes, n'auraient pas renoncé à une opération aussi considérable pour une modification toute dans leur intérêt et qui n'était après tout que leur proposition première.

Il est vrai de dire que les délégués de Fécamp eux-mêmes ne s'attendaient guères non plus à l'attitude que MM. Delahante et Girard prirent plus tard vis-à-vis d'eux.

Non-seulement, la première proposition de ces Messieurs avait été, nous l'avons dit, l'expression la plus complète du desideratum de Fécamp; non-seulement, ils avaient donné cette assurance à M. Houlbrèque, à Paris, que leur intérêt était de mener Fécamp à Motteville et qu'ils marcheraient toujours d'accord avec nous sur ce terrain ; mais encore le lendemain même de cette démarche auprès du Conseil général, MM. Roquigny, Corneille et Franque eurent une entrevue avec M. Girard ; et celui-ci leur fit les mêmes déclarations qu'à M. Houlbrèque au mois de février, en déplorant sincèrement l'abandon du tracé commun par la Durdent. Il ajouta, il est vrai, qu'en présence de la décision du Conseil général, il croyait bon de laisser la ligne de Saint-Valery de côté ; mais qu'il fallait toujours songer à mener Fécamp à Motteville. C'était d'ailleurs l'intérêt de sa compagnie, car non-seulement Yvetot n'offrait aucun débouché sérieux, mais si ce tracé était définitivement adopté, ce serait l'obliger à construire un embranchement qui n'aurait aucun lien avec l'ensemble du nouveau réseau dont il poursuivait l'exécution... Fécamp et Cany pouvaient donc compter sur son concours !

Comment d'aussi bonnes dispositions sont elles restées sans effet ?...... Il nous semble inutile de dire ce que nous pensons à cet égard.

Nous constaterons seulement que les délégués revinrent à Fécamp satisfaits des nouvelles assurances de M. Girard.

La Commission municipale chargea M. Franque de la rédaction de son rapport, et après avoir approuvé ce document elle le présenta au Conseil municipal de Fécamp qui en accepta à son tour les termes et les considérants par sa délibération en date du 13 avril. (*Voir annexe n° 1*)

Ce Mémoire et ceux de la Chambre de commerce furent immédiatement déposés aux dossiers de l'enquête avec une demande de dépositions orales.

Les Commissions d'enquête se réunirent au mois de mai suivant.

MM. Decreus et Franque, au nom de la ville de Fécamp,

MM. Corneille et Marchand, au nom de la Chambre de Commerce de cette ville, furent entendus le 1ᵉʳ mai, à Yvetot, par la Commission du chemin de fer de Motteville à Saint-Valery; le 18 mai à Rouen par la Commission du chemin de fer d'Yvetot à Fécamp.

L'accueil fait aux délégués par la Commission de Saint-Valery fut courtois; mais il témoigna évidemment d'un parti parfaitement arrêté de ne tenir aucun compte des réclamations de Fécamp. La Commission parut bien reconnaître la nécessité pour Fécamp d'aller à Motteville; mais elle se montra complétement opposée non-seulement au *tracé commun* par la Durdent, mais encore à un *tracé de conciliation* qui indiquait Motteville pour point de jonction des deux lignes... Cependant les conclusions de sa délibération ne purent réunir l'unanimité des suffrages exprimés.

Quant à la Commission réunie à Rouen pour statuer sur la ligne d'Yvetot à Fécamp, elle se montra aussi bienveillante que possible; et les délégués purent, de retour à Fécamp, dire qu'ils avaient tout lieu de supposer que le rapport de cette Commission d'enquête donnerait satisfaction aux intérêts de leur cité. La suite prouva, en effet, le bien fondé de cette appréciation; les propositions de Fécamp furent adoptées *à l'unanimité des voix*. (1)

(1) *Conclusions de la Commission d'enquête pour la ligne d'Yvetot à Fécamp.*

« Considérant que, encore bien que la Commission ait été nommée spécialement pour émettre son avis sur l'avant-projet présenté pour l'exécution du chemin de fer d'intérêt local d'Yvetot à Fécamp, une telle connexité existe entre cet avant-projet et celui présenté pour l'exécution du chemin de fer de Saint-Valery à Motteville, sur lequel ont porté également les dépositions de l'enquête, qu'il est impossible que la Commission n'exprime pas son opinion sur ces deux avant-projets;

« Considérant que les avantages du tracé commun de Saint-Valery à la ligne de l'Ouest par la vallée de la Durdent lui paraissent tellement évidents qu'elle regrette, sinon que ce tracé n'ait pas été adopté par le Conseil général, du moins qu'il n'ait pas paru possible de soumettre les deux avant-projets à l'examen d'une seule et unique commission dans laquelle tous les intérêts de l'arrondissement d'Yvetot et du Pays de Caux eussent été représentés, ce qui eut permis de connaître d'une façon irréfutable quels étaient les véritables intérêts qu'il fallait satisfaire;

« Statuant tout particulièrement sur l'avant-projet du chemin de fer d'Yvetot à Fécamp, et en admettant que le tracé commun par la Durdent ne soit point adopté malgré tous les avantages qu'il présente;

« La Commission décide:

« 1° Que pour donner, dans la limite du possible, satisfaction aux intérêts divers engagés, il est d'absolue nécessité que le tracé ne se dirige pas seulement sur Yvetot, mais qu'il aboutisse également à Motteville;

« 2° Que, par suite, il est indispensable qu'au delà d'Héricourt, et sur un point qui reste à déterminer, il soit établi une bifurcation permettant de se rendre soit à Motteville soit à Yvetot;

« Que dans le même ordre d'idées, la Commission pense que l'on atteindrait heureusement ce résultat cherché en faisant infléchir les deux lignes l'une vers l'autre de façon à ce qu'elles se rencontrent sur un point donné, ce qui atténuerait autant que possible les inconvénients de deux tracés distincts et faciliterait les communications de toutes les parties de l'arrondissement avec le chef-lieu;

« Enfin, et toujours pour le cas où les deux tracés seraient exécutés, la Commission réclame qu'ils soient construits simultanément.»

La ville de Fécamp était donc sur la brèche, et les premières démarches de ses représentants n'avaient pas été sans produire des résultats satisfaisants. Mais il y avait encore beaucoup à faire, et on allait entrer dans une période tout à fait militante et décisive.

Les délégués de la Commission municipale et de la Chambre de commerce reconnurent alors l'utilité de réunir leurs deux Commissions en une seule Commission, peu nombreuse, facile à réunir, et qui fut autorisée à prendre d'urgence telles mesures qu'elle jugerait nécessaires dans l'intérêt général.

Cette pensée fut jugée bonne ; et il fut convenu que cette Commission nouvelle serait composée de deux membres du Conseil municipal, deux membres de la Chambre de commerce et deux membres étrangers à ces deux corps et désignés par la Commission municipale. Cette Commission nommerait son président, et elle aurait son initiative propre, sauf à en référer, dans les décisions importantes, à la Municipalité et à la Chambre de commerce. Le maire et le président de la Chambre de commerce en feraient partie de droit.

Le Conseil municipal désigna MM. Ch. Hue-Maze et Renaud, ingénieur ;
La Chambre de commerce : MM. Corneille et Marchand ;
La Commission municipale : MM. Decreus et Franque.
La première Commission Municipale fut naturellement dissoute.

La nouvelle Commission prit le titre de « *Commission du Chemin de fer d'intérêt local de Fécamp à Motteville;* » elle nomma pour président M. Decreus.

Son premier acte fut d'adresser une nouvelle requête au Conseil général réuni en session extraordinaire, le samedi 15 juin 1872, pour statuer définitivement sur le réseau projeté des chemins de fer d'intérêt local de la Seine-Inférieure. (*Voir annexe n° 2*)

Cette requête porte la date du 10 juin ; et le 15, MM. Decreus, Corneille, Franque et Marchand se rendirent à Rouen, où se trouvait également M Houlbrèque, pour tenter un dernier effort auprès du Conseil général et assister aux délibérations de cette Assemblée.

Le résultat de cette démarche fut malheureusement négatif. Cependant, qu'il soit ici constaté que presque tous les membres du Conseil général furent gagnés à la cause de Fécamp par la valeur des arguments présentés, et dont le plus concluant était assurément *l'acceptation unanime* des conclusions de cette ville par la Commission d'enquête chargée des intérêts de la région.

La Commission des chemins de fer, elle-même, avec une loyauté qui l'honore, n'hésita pas à reconnaître enfin la justesse de ces observations; et on peut affirmer, sans crainte démenti, que le tracé dit *de conciliation* fut adopté par elle à l'unanimité des voix.

Mais il fallait le consentement des concessionnaires et ils le refusèrent. Demandé, en effet, au sein de la Commission, M. Girard repoussa toute modification aux engagements pris par lui vis-à-vis du Conseil général, alléguant pour principale excuse que cette modification était de nature à retarder la promulgation du décret d'utilité publique et qu'il ne pouvait s'y résoudre; qu'il userait donc du droit strict que lui donnait son contrat avec le Conseil général et qu'il s'en tiendrait purement et simplement aux termes de ce contrat.

La réponse était facile; malheureusement la Commission ne la fit pas, et malgré ses réclamations trouvées justes d'ailleurs, Fécamp fut sacrifié une fois encore par une majorité de 8 voix contre 5. On convint même de ne soulever aucune discussion à ce sujet au sein du Conseil général.

Cependant, lorsque l'affaire fût portée devant cette Assemblée à la séance du soir, le rapport fait, cette fois, par M. Savoye, représentant de Saint-Valery, donna lieu à de justes et sérieuses observations de la part de quelques membres du Conseil, et les délégués de Fécamp purent croire un instant à un retour favorable pour eux. Mais cet espoir fût de courte durée : le vote du 16 novembre leur refusa encore une fois la satisfaction qu'ils réclamaient.

Toutefois, le Conseil général dont la Commission avait immédiatement avant la séance et sur les instances de l'honorable M. Darcel, adopté en principe le prolongement de la ligne de Fécamp jusqu'à Motteville, confirma cette résolution et décida en outre le prolongement de la ligne de Grainville jusqu'à Cany; — reconnaissant par la même, l'insuffisance de son vote, et par le fait, la nécessité d'un remaniement complet du *réseau du Pays de Caux.*

Aussi, les délégués de Fécamp, en rendant compte à leurs collègues de cette regrettable séance, n'hésitèrent-ils pas à s'exprimer ainsi :

« Et maintenant, Messieurs, devons-nous accepter, sans mot dire,
« l'incroyable situation qui nous est faite: et par une sorte d'aquiesce-
« ment tacite, laisser croire que cette importante question n'avait pas,
« pour la ville de Fécamp en particulier, le caractère de vitalité que nous
« lui avions donné ?

« Vous remarquerez que dans cette circonstance, nous rallions
« tout à nous : la raison, les faits, l'opinion publique, le vote unanime

« de la Commission · d'enquête, le vote complémentaire du Conseil
« général et l'intérêt des concessionnaires eux-mêmes...

« Vous déciderez, Messieurs, et vous direz si nous ne devons pas à
« notre pays, à nos concitoyens, de continuer la tâche laborieuse qu'ils
« nous ont confiée. » (*Voir annexe n° 3*)

La Commission fut, en effet, d'avis qu'il y avait lieu d'interjeter appel
de la décision du Conseil général et de suivre l'affaire au Conseil des
Ponts et Chaussées.

En conséquence, elle rédigea immédiatement :

1° Un projet de lettre sous forme de mémoire au Conseil général des
Ponts et Chaussées, et contenant une demande de la ville de Fécamp
d'être entendue par ce Conseil. (*Voir annexe n° 4*)

2° Un projet d'une lettre d'envoi de ce Mémoire au Ministre des travaux publics. (*Voir annexe n° 5*)

Elle soumit l'un et l'autre à l'approbation de M. le Maire et de M. le
Président de la Chambre de commerce de Fécamp, en les accompagnant
des considérations suivantes :

Fécamp 24 juin 1872.

A Monsieur le Maire et à Monsieur le Président de la Chambre de Commerce
de la ville de Fécamp.

Messieurs,

J'ai l'honneur de vous adresser,

1° Copie du rapport des délégués de la Commission du chemin de fer d'intérêt local de
Fécamp, envoyés à Rouen pour la discussion des avant-projets du réseau concédé.

2° Une note confidentielle de M. Corneille dont le contenu ne doit pas être livré à la
publicité.

3° Un projet de lettre sous forme de Mémoire, adressé au Conseil général des Ponts et
Chaussées et contenant une demande de la ville de Fécamp d'être entendue par ce Conseil.

4° Un projet d'une lettre d'envoi de ce Mémoire au Ministre des travaux publics.

La Commission que j'ai l'honneur de présider pense, en effet, que la ville de Fécamp ne
peut accepter sans appel une décision rendue dans les conditions que vous savez et dont
les pièces ci-jointes vous donneront une connaissance plus parfaite encore.

Vous n'ignorez pas, Messieurs, les différentes phases qu'à suivies cette question des
chemins de fer d'intérêt local de la Seine-Inférieure.

Elle remonte au mois d'octobre dernier où l'ensemble du réseau fut voté à la session que
tint à cette époque le Conseil général.

Pourquoi et comment les intérêts de Fécamp furent-ils méconnus alors ?

3

Pourquoi une décision de cette gravité a-t-elle été rendue sans l'avis préalable des intéressés ?

Pourquoi la Commission du Conseil général a-t-elle nettement refusé de vous entendre vous et ceux qui vous accompagnaient alors ?

Autant de questions auxquelles je ne saurais répondre.

Toujours est-il que de ce point de départ dérive incontestablement la situation désastreuse qui nous est faite aujourd'hui.

Car si depuis, notre Commission instituée pour prendre la défense des intérêts de Fécamp dans cette grave occurrence, a pu élever la voix ; si nos conclusions ont été adoptées à l'unanimité par la Commission d'enquête chargée des intérêts de notre région ; et si le Conseil général a été pour ainsi dire gagné par la valeur de notre cause.....

Cependant rien n'y a fait et ce premier vote du Conseil général nous a été opposé encore.

Et pourtant nous pouvons le dire bien haut ici : Nous avons pour nous dans cette circonstance, et la raison, et les faits, et l'opinion publique, et le vote unanime d'une Commission d'enquête et celui non moins important du Conseil général ; nous avons même avec nous les concessionnaires dont l'intérêt est lié intimement au nôtre....

En présence donc d'un ensemble de faits aussi concluants nous pensons que la ville de Fécamp doit interjeter appel d'une décision qui porte un coup funeste à son commerce et à son établissement maritime ; et qu'elle doit suivre l'affaire au Conseil général des Ponts et Chaussées, non pas pour entraver un instant la promulgation du décret d'utilité publique demandée pour l'ensemble du réseau concédé, mais pour que les concessionnaires qui, nous le savons, ne demandent qu'à nous conduire à Motteville, consentent à ce que cette disposition soit insérée dès maintenant dans le décret.

Vous examinerez, Messieurs, la situation ; vous en comprendrez toute la gravité et quelque soit le parti auquel vous vous arrêtiez, vous pouvez compter sur le concours de la Commission instituée pour la défense des intérêts de Fécamp dans cette circonstance.

Veuillez agréez, Messieurs, l'assurance de ma considération très-distinguée.

Le Président de la Commission,

DECREUS.

M. le Maire et M. le Président de la Chambre de commerce approuvèrent la décision de la Commission du chemin de fer ; et après avoir signé les deux lettres au Ministre et au Conseil général des Ponts et Chaussées, ils les adressèrent sans retard à Versailles.

Ces deux lettres, nous l'avons dit, contenaient une demande d'audience au Conseil général des Ponts et Chaussées.

Cette demande fut accordée, et le 6 août 1872, MM. Decreus, Corneille, Ch. Hue-Maze, Franque, Marchand et Renaud se rendirent à Paris où ils furent reçus au Ministère des travaux publics par la Commission du Conseil général des Ponts et Chaussées chargée d'examiner et d'émettre un avis sur la concession Delahante et Girard. La séance dura près de deux heures et les délégués purent concevoir cette espérance qu'ils avaient été enfin compris par des hommes dont la compétence, en pareille matière, ne saurait être un instant contestée.

La Commission du chemin de fer de Fécamp intervint encore lors de l'ouverture à Yvetot de l'enquête ordonnée par arrêté préfectoral, sur le vote complémentaire du 15 juin. (*Voir annexe n° 6*)

Il est superflu d'ajouter que la Commission d'enquête conclut à *l'unanimité des voix* au prolongement des lignes de Fécamp à Motteville et de Cany à Grainville. (1)

Enfin, le Conseil général des Ponts et Chaussées présidé par M. le Ministre des travaux publics en personne (M. Desseilligny) se réunit le jeudi 17 juillet 1873 pour statuer définitivement sur la question.

MM. Houlbrèque, Corneille et Franque reprirent de nouveau la route de Paris et furent reçus par le Conseil assemblé, concurremment avec la délégation du Conseil général de la Seine-Inférieure, accompagnée elle-même des députés et du préfet du département.

Les délégués de Fécamp appuyèrent les conclusions que la Commission avait adressée, dès le mois de mars (*Voir annexe n° 7*) au Conseil des Ponts et Chaussées, et M. Houlbrèque interrogé par le Ministre se fit l'interprète convaincu des intérêts méconnus de notre ville et de son établissement maritime.

(1) *Conclusions de la Commission d'enquête pour la ligne d'Héricourt-en-Caux à Motteville :*

« Considérant que l'embranchement d'Héricourt à Motteville est le complément nécessaire de la ligne de Fécamp à Yvetot; qu'en mettant le port de Fécamp en communication directe avec les diverses lignes de chemins de fer aboutissant à Motteville, sans emprunter la ligne de l'Ouest et avec une abréviation notable de parcours, il donne à ce port une compensation légitime, et qu'il a toujours vivement réclamée, à la situation désavantageuse devant résulter pour lui de la création des lignes du Havre à Caudebec et de Port-Jérôme à Beuzeville par Bolbec et Lillebonne; qu'il donne une juste satisfaction aux intérêts des vallées de la Durdent et de Valmont dont l'industrie ne peut se développer par suite des difficultés de transport;

« Considérant que l'exécution de cet embranchement est nécessaire à la prospérité même de la ligne de Fécamp à Yvetot, puisqu'il amènera sur cette ligne un courant de marchandises que la communication directe avec Motteville peut seule y faire venir;

« Considérant, d'ailleurs, que la nécessité de cet embranchement a été pleinement démontrée par l'enquête qui a eu lieu le 1er mai pour la ligne de Fécamp à Yvetot et par les conclusions unanimes de la commission d'en-

La décision du Conseil des Ponts et Chaussées ne fut connue que le lundi 18 août 1873, à l'ouverture de la session du Conseil général de la Seine-Inférieure.

M. le Président donna lecture d'une lettre de M. le Ministre des Travaux publics, contenant ce qui suit :

« . . . .

« En ce qui concerne la ligne d'Yvetot à Fécamp, le Conseil a été
« frappé de ce fait que les Concessionnaires eux-mêmes ne paraissent pas
« attacher un très-haut prix à ce chemin, car tandis qu'ils se sont
« engagés à achever tout le réseau dans le délai de quatre années, ils ont
« stipulé à l'égard de la ligne en question, qu'ils l'exécuteraient alors
« seulement que le produit kilométrique de la ligne de Saint-Valery
« aurait atteint 12,000 fr.; que cette clause équivaudrait à un ajourne-
« ment indéfini, et qu'une ligne ne saurait, en principe, être concédée
« avec des restrictions qui en rendraient l'exécution aussi éloignée et
« aussi incertaine. . . . . . »

Venaient ensuite les conclusions du Conseil général des Ponts et Chaussées, dont l'article 2 ainsi conçu :

quête; que le Conseil général lui-même l'a reconnu dans sa session du 15 juin, qu'il a constaté que cet embran-chement donnait satisfaction « à des intérêts très-légitimes, » « complétement négligés ou très imparfaitement pourvus, » « sérieux et justifiés, » « que son utilité n'est pas contestée; »

« Considérant que, pour qu'une satisfaction complète soit donnée aux intérêts dont le Conseil général a reconnu la légitimité, il est nécessaire que l'embranchement d'Héricourt à Motteville soit livré à la circulation en même temps que la ligne de Fécamp à Yvetot et que celle de Saint-Valery à Motteville; que l'état de souf-france des industries des Vallées de Cany et de Valmont, causé par le manque de voies de transport, et l'in-térêt général des grandes industries que la cherté toujours croissante de la houille va obliger à se rappro-cher des cours d'eau, rendent plus urgente encore la nécessité de cet embranchement;

« Considérant qu'il ne saurait y avoir aucun inconvénient à demander au Conseil général des. Ponts et Chaussées de prononcer l'utilité publique de l'embranchement à l'enquête en même temps que celle de la ligne principale, et que sa décision ne peut être en aucune façon retardée par l'examen du complément d'une infor-mation dont tous les éléments lui sont déjà fournis par les dossiers actuellement entre ses mains;

« Par ces motifs, la Commission

« Reconnaît la nécessité de l'embranchement d'Héricourt à Motteville, complément indispensable de la ligne de Fécamp à Yvetot;

« Demande instamment que la déclaration d'utilité publique concernant cet embranchement soit poursuivie simultanément avec celle du réseau entier soumis aux délibérations du Conseil général des Ponts et Chaus-sées, et qu'il soit construit, ainsi que la ligne de Fécamp à Yvetot, en même temps que la ligne de Saint-Va-lery à Motteville;

« Emet un avis favorable à une modification de tracé des deux branches d'Héricourt à Motteville et d'Héri-court à Yvetot qui les rendrait communes jusqu'à un point à déterminer vers Veauville, et diminuerait ainsi de 7 kilomètres environ la longueur à construire pour l'embranchement soumis à l'enquête — autant, toute-fois, qu'il n'en résulterait aucune augmentation de distance d'Héricourt à Motteville. »

« Le Conseil général des Ponts et Chaussées est d'avis de faire
« connaître que la ligne d'Yvetot à Fécamp ne peut-être concédée dans
« les conditions déterminées par le cahier des charges. »

Cette déclaration confirmait la légitimité des réclamations que
Fécamp n'avait cessé de faire entendre depuis bientôt deux ans contre le
tracé de la ligne et contre les délais d'exécution ; elle autorisait en même
temps sa Commission à demander quelles étaient alors les conditions
qui auraient pu être favorablement accueillies du Conseil.

On savait, en effet, que le rapporteur les avait suffisamment indiquées
et que l'article 2, contenait cet opinion complémentaire, que *si le tracé
commun par la Durdent avait été présenté avec son point de raccordement à
Motteville, la concession n'eût souffert aucune difficulté...*

Le Conseil à la vérité, n'avait pas cru devoir, par déférence pour le
Conseil général de la Seine-Inférieure, indiquer un changement de tracé
aussi considérable. Mais la chose n'en avait pas moins été admise par la
Commission, et au fond elle avait été reconnue comme très-rationnelle
par le Conseil assemblé.

En présence de cette décision la Commission de Fécamp résolut d'en
appeler sans retard au Ministre mieux informé...!

Sur ces entrefaites cependant et à la suite d'une démarche faite à
Rouen par MM. Houlbrèque et Franque, la pensée vint de faire appel
au concours des vallées de la Durdent et de Valmont, et de former un
syndicat des cantons de Cany, d'Ourville, de Valmont et de Fécamp,
pour poursuivre d'un commun accord l'exécution de la ligne projetée.

Cette pensée jugée bonne reçut son exécution le 19 septembre suivant, et le syndicat fut composé comme suit :

POUR LE CANTON DE CANY

MM. Roquigny, conseiller général ;
Debèque, Maire de Cany ;
Le Prince de Montmorency-Luxembourg.

POUR LE CANTON DE VALMONT

MM. De Franqueville, Conseiller général ;
Darcel, Membre du Conseil général ;
Balière, Adjoint faisant les fonctions de Maire de Valmont ;
Auger, Notaire à Valmont,
Le Ber, Maire de Colleville ;

POUR LE CANTON D'OURVILLE

MM. De Beauvoir, Conseiller général ;
Samson, Maire d'Ourville ;
Hellot, Notaire à Héricourt-en-Caux ;
Grimaud, Manufacturier à Oherville.

POUR LE CANTON DE FÉCAMP

MM. le général Robert, conseiller général ;
A. Legros, Maire de Fécamp ;
Houlbrèque, Président de la Chambre de Commerce de Fécamp ;
Les Membres du Comité local : MM. Ch. Hue-Maze, Renand, ingénieur,
Corneille, Marchand. V. Franque.

Furent nommés :

Président : M. Houlbrèque ;
Vice-président : M. Debèque ;
Secrétaire : M. V. Franque ;

Membres délégués : } MM. Corneille ;
Hellot,
Le Ber.

Malgré cette détermination, la Commission de Fécamp ne crut pas devoir résigner son mandat, car une scission pouvait se produire dans la suite au sein du nouveau syndicat et nécessiter une intervention immédiate de sa part ;

Elle devait rester gardienne vigilante des intérêts qui lui avaient été confiés.

Toutefois, sur la demande qui lui en fût faite par M. le maire, au nom du Conseil municipal, elle décida d'arrêter ici le procès-verbal de ses précédents travaux et d'en faire l'objet d'un rapport d'ensemble qui pût tenir état des efforts faits pour la défense des intérêts de Fécamp pendant les années 1871, 1872, 1873.

Une circonstance l'y invitait d'ailleurs : la retraite de son Président M. Decreus qui avait quitté Fécamp depuis peu, emportant l'expression de reconnaissance et de vive sympathie que M. le Maire, M. le président de la Chambre de Commerce et les Membres de la Commission s'étaient fait un devoir de lui témoigner à son départ.

Il était convenable, en effet, que le procès-verbal des travaux qu'avait présidé M. Decreus fut arrêté à l'occasion de son départ et que le rapport de la Commission fut signé par la totalité de ses membres.

En conséquence le présent rapport a été fait et signé par les soussignés membres de la *Commission du chemin de fer d'intérêt local de Fécamp à Motteville* pour être tenu sincère et véritable.

Fécamp, Novembre 1873.

Le Maire de la ville de Fécamp,

A. LEGROS.

Le Président de la Chambre de Commerce,

A. HOULBRÈQUE.

Les Membres de la Commission,

MM. Decreus, Président ;
Ch. Hue-Maze ;
Renaud ;
A. Corneille ;
Eugène Marchand ;
V. Franque.

PIÈCES JUSTIFICATIVES

MEMOIRE

De la première Commission Municipale de la ville de Fécamp, déposé aux enquêtes sur les Chemins de fer d'intérêt local de Fécamp et de Saint-Valery.

Fécamp, 10 avril 1872.

A Messieurs les Membres des Commissions d'Enquête sur les chemins de fer d'intérêt local de Fécamp et de Saint-Valery.

Messieurs,

La concession d'un réseau de chemin de fer d'intérêt local dont l'ensemble ne comporte pas moins de 370 kilomètres, est la grande œuvre accomplie par le Conseil général dans sa session de 1871, et qui lui donne des titres incontestés à la reconnaissance du Département dont il a si bien compris les besoins et désiré satisfaire les aspirations les plus légitimes.

La promptitude, avec laquelle le Conseil général a résolu cette grave question, est la manifestation la plus évidente de l'intérêt qu'il attache à l'exécution prochaine de cet indispensable réseau.

Aussi n'a-t-il pu la tracer qu'à grands traits, laissant aux populations intéressées le devoir de signaler aux enquêtes voulues par la loi, certains points qui pouvaient échapper à une étude faite de haut, mais trop importants pour être négligés au point où en est cette affaire capitale.

Telle est en particulier la situation faite à la ligne de Fécamp qui n'a jamais subi l'épreuve de la discussion publique.

Appelé par l'arrêté préfectoral du 2 mars dernier à délibérer sur l'*utilité* et la *convenance* des *projets* actuellement soumis à l'enquête, le Conseil municipal de Fécamp a confié à une Commission le soin d'étudier ces projets, et de formuler les observations qui lui sembleraient devoir être présentées en son nom.

Le résultat de cette étude fait l'objet du mémoire que nous avons l'honneur de vous soumettre.

Considérations générales. — Situation ruineuse créée à
Fécamp par le réseau projeté. — Nécessité d'une compensation

Première Proposition. — Tracé unique par la **Durdent**
(tracé orange)

Seconde Proposition. — Tracé mixte par Doudeville et
les plateaux (tracé bleu)

Conclusion

Servir l'**intérêt général** du magnifique pays qui s'étend entre Saint-Valery, Yvetot
et Fécamp ;

Sauvegarder l'**intérêt particulier** des diverses localités qu'il renferme,

Et par-dessus tout assurer et rendre possible l'exploitation de ses futurs chemins de fer
en la rendant fructueuse ;

Telle a été ou telle a dû être la préoccupation du Conseil général dans l'étude des lignes
projetées.

La Commission à laquelle le Conseil municipal de Fécamp a cru devoir confier l'examen
de cette importante question l'a compris ainsi ; et, s'associant complètement aux vues du
Conseil général, elle en a fait le point de départ et le principe de ses délibérations.

La question ainsi posée, la Commission de la ville de Fécamp a reconnu immédiatement
la nécessité de réunir en une seule, les lignes distinctes de Motteville à Saint-Valery et
d'Yvetot à Fécamp.

Elle déclare avec une profonde conviction que l'intérêt général aussi bien que l'intérêt
particulier du pays réclament impérieusement la réunion de ces deux lignes.

En tout état de cause, elle ne peut se rallier à un tracé qui mènerait Fécamp ailleurs qu'à
Motteville.

NOTA. — Pour les données statistiques, voir les tableaux officiels annexés au mémoire déposé par la
Chambre de Commerce de Fécamp.

La raison ? c'est que *seul* le tracé direct sur Motteville par Ourville, peut atténuer les effets de la concurrence désastreuse que vont créer à Fécamp les nouvelles lignes de Port-Jérôme et de la vallée de la Seine.

Dans l'état actuel, Fécamp par Beuzeville envoie ses houilles à Bolbec et à Lillebonne ; il ne peut guère dépasser Yvetot.

Mais aujourd'hui il perd ses transports de houille dans ces deux directions, et cerné d'un autre côté par les lignes de Saint-Valery à Motteville et de Caudebec à Motteville, il se trouve resserré comme dans un cercle infranchissable...

Fécamp est donc ruiné à tout jamais! si la ligne projetée ne vient abréger la distance qui le sépare actuellement de Motteville, et lui ouvrir, en compensation, de nouveaux débouchés.

C'est d'ailleurs le seul moyen de le raccorder, lui aussi, aux lignes du Nord; cette *idée-mère* dont le Conseil général poursuit avec autant de zèle que d'intelligence, la réalisation, en faisant converger vers ce point tous les autres ports de la Manche : Le Havre, Saint-Valery, Dieppe, le Tréport... Rouen et Caudebec! (1)

Fécamp serait-il le seul mis à l'écart?

Non, assurément !

Il ne réclame donc qu'un acte de justice pleinement motivé par la ruine à peu près assurée qu'on lui impose.

Quant à la ligne projetée sur Yvetot, il n'en tirera aucun parti sérieux, son parcours kilométrique étant aussi long pour ne pas dire plus long que la voie de l'Ouest.

Fécamp ne peut donc accepter **qu'une ligne directe sur Motteville.**

Et vraiment l'importance que cette ville a su acquérir depuis quelques années, son commerce, ses industries aujourd'hui si florissantes, sa marine qui devient plus que jamais la pépinière de notre marine marchande et militaire... méritent bien d'être pris en très-sérieuse considération.

Au surplus, l'intérêt particulier de Fécamp est, dans la circonstance, intimement lié à l'intérêt général du pays, et Fécamp, en plaidant sa cause, plaide au même titre la cause de tous.

En conséquence, la commission de la ville de Fécamp présente deux tracés à l'appui de sa proposition :

1. Un tracé *unique* par la Durdent (tracé orange) qui satisfait tous les intérêts et qui seul offre la garantie d'une exploitation fructueuse.

N. Un tracé *mixte* (tracé bleu) qui dessert imparfaitement les vallées, mais qui satisfait Doudeville et les plateaux.

Toutefois, ce dernier ne saurait véritablement l'emporter, sur le premier tracé. Aussi la Commission ne le présente-t-elle que tout-à-fait subsidiairement et comme en dernier ressort, sans prétendre infirmer en rien sa première proposition qu'elle considère comme la seule rationnelle.

(1) Procès-verbaux du Conseil général 1871, pages 1077, 1083, 1092, 1117 et 1122.

Première proposition. — Tracé unique par la Durdent (tracé orange).

Le Conseil général a voté deux chemins de fer :

L'un, de Motteville à Saint-Valery, ⎫
L'autre, d'Yvetot à Fécamp, ⎬ Ensemble : 72 kilomètres.

La Commission de la ville de Fécamp respecte le vote du Conseil général et propose un plan d'ensemble qui maintient l'expression même de ce vote. et qui comprend en fait :

Une ligne de Motteville à Saint-Valery, ⎫
Une ligne d'Yvetot à Fécamp, ⎬ Ensemble : 72 kilomètres.

avec cette seule différence que ces deux lignes ont à Veauville-les-Baons ou vers Etoutteville un point de contact qui relie Fécamp *directement* à *Motteville*. Là est toute la question.

C'est du reste ce qu'avait demandé M. Férot à l'enquête de 1870, et que les Industriels de la Durdent avaient accepté avec empressement.

Le simple examen de ce tracé démontre suffisamment l'économie de sa distribution. Aussi a-t-il pour adhérents, chaque fois que la question d'intérêt général est posée, tous les esprits pratiques.

Il satisfait l'intérêt particulier au même titre que l'intérêt général.

En premier lieu : **Il satisfait l'intérêt général.**

En effet : l'*intérêt général*, dans l'espèce, comprend :

La satisfaction du plus grand nombre d'intérêts possible ;

Le développement le plus considérable et le meilleur des forces vives dont la nature a si magnifiquement doté notre contrée, de son commerce, de ses industries, de ses usines ;

La garantie d'une exploitation productive, élément essentiel pour assurer le fonctionnement régulier des trains de voyageurs et de marchandises, prévenir la ruine des actionnaires, et ménager les finances des Communes, du Département et de l'Etat ;

Enfin l'intérêt de l'Etat lui-même qui nous paraît aujourd'hui sérieusement impliqué dans la question, à un point de vue qui n'a été qu'effleuré jusqu'ici, mais auquel nous devons une mention spéciale dans le cours de ce mémoire : au point de vue militaire.

La guerre de 1870-71 nous a démontré, trop cruellement hélas ! l'utilité que l'on peut tirer d'un réseau de chemins de fer bien compris.

Or : au point de vue de la satisfaction du plus grand nombre d'intérêts possible, notre tracé répond amplement aux besoins de toutes les localités de notre contrée. Nous le démontrerons en examinant l'intérêt particulier de chacune d'elles.

Au point de vue du développement des intérêts matériels, du commerce, des industries et de la richesse du pays, la Commission de la ville de Fécamp pense être encore dans le vrai, en demandant la réunion des deux lignes par les vallées.

L'expérience démontre, en effet, que, depuis bientôt trente années que la ligne de l'Ouest traverse du Havre à Rouen, tous les plateaux du pays de Caux, pas un établissement industriel ne s'est fondé sur tout son parcours ; pas même à Yvetot, sous-préfecture et centre d'une importante région.

Depuis quinze ans que la ligne de Fécamp à Beuzeville existe, pas une usine ne s'est fondée, ni aux Ifs, ni à Grainville, ni à Beuzeville... et Fécamp est pour ainsi dire le seul et unique producteur de cette ligne.

On est donc autorisé à conclure qu'il en sera de même pour une ligne de Saint-Valery à Motteville par les plateaux. Aucune usine n'y existe aujourd'hui, aucun industriel ne s'y fixera jamais. Le manque d'eau en est évidemment la cause.

Si, au contraire, nous descendons dans les vallées qui, de Héricourt-en-Caux, se continuent par Grainville, Cany et Vittefleur jusqu'à Saint-Valery, nous trouvons dans ces laborieuses vallées, desservies par de simples routes, plus de *quatre-vingts usines* de toute nature et une production annuelle dépassant 50,000 tonnes acquises d'avance à notre chemin de fer le jour même de son inauguration !

Et si nous voulons une autre preuve de la force productive de ces industrieuses et belles vallées, nous trouverons dans un rapport du Préfet au Conseil général, en 1865, que, dès cette époque, la route n° 19 qui relie Cany à la station d'Yvetot, était parcourue chaque jour par plus de 500 colliers, quand la moyenne des routes du département n'était que de 238 colliers par jour.

Donc, pour développer les forces vives de notre pays, il faut aller les chercher à leur source, et elles se trouvent dans les vallées.

Si nous voulons assurer l'existence de notre chemin de fer, nous devons lui en donner les moyens ; seules, les vallées nous les offrent encore.

Nous avons dit, en effet, que l'intérêt général exigeait, pour les lignes concédées, la garantie d'une exploitation productive sans laquelle pas de chemin de fer possible.

Or, ce trafic nécessaire, indispensable, le trouverons-nous de Saint-Valery à Motteville par les plateaux ?

Les lignes du Havre à Rouen et de Fécamp à Beuzeville, nous l'ont suffisamment indiqué. Les produits de cette chétive exploitation seront forcément limités aux importations de Saint-Valery, qui se chiffrent aujourd'hui par un maximum de 6,000 tonnes et qui nous ne craignons pas de le dire avec toute la franchise que nous devons au débat, n'atteindront jamais le tonnage nécessaire à l'alimentation d'une ligne de chemin de fer.

Saint-Valery a droit au soleil au même titre que Fécamp, il a droit à la vie commune ; il a droit à sa part des munificences du département et de l'État, et nous nous réjouissons avec lui des avantages que lui procurera son chemin de fer.

Mais Saint-Valery ne peut et ne doit vouloir que le possible. Or, pour qui connaît Saint-Valery et les conditions naturelles de son port, ses importations auront toujours une limite restreinte et jamais il ne pourra alimenter *à lui tout seul* une ligne de chemin de fer.

On a parlé, il est vrai, du voisinage de Fontaine-le-Dun et de l'établissement problématique d'une sucrerie dans ce quartier! Nous connaissons Fontaine-le-Dun, et nous ne saurions nous arrêter à un pareil argument, ni penser que les Commissions d'enquête puissent s'y arrêter elles-mêmes un instant.

Donc la ligne de Saint-Valery par les plateaux, est destinée, comme l'a fort bien fait remarquer M. Darcel, à périr d'inanition.

On répliquera peut-être que cette ligne étant concédée sans aucune subvention ni garantie, le Conseil général est, après tout, désintéressé dans la question. A cela nous aurions beaucoup à répondre; nous demanderons seulement où est la garantie que plus tard le Département ou l'Etat ne seront pas obligés de lui venir en aide comme cela a déjà eu lieu en maintes occasions.

D'ailleurs, si le département n'est pas directement intéressé au succès de cette ligne; du moins, ne peut-il voir d'un œil indifférent celle de Fécamp à laquelle il accorde une subvention de 15,000 francs par kilomètre!

Eh bien! cette ligne qui promettait d'être si productive, voit ses meilleures chances s'évanouir, si elle ne recueille pas la production possible du pays tout entier, et surtout si n'allant pas directement à Motteville, elle perd les 50,000 tonnes que Fécamp lui aurait certainement apportées, et qu'il ne donnera jamais à une ligne aboutissant à Yvetot.

La production *industrielle* de Fécamp en dehors du transport des houilles et des bois, étant en moyenne de 100,000 tonnes par an, et celle des vallées voisines de 20,000 tonnes; soit 120,000 tonnes au total, nous ne pouvons être taxés d'exagération en attribuant la moitié de ces produits à la nouvelle ligne.

Donc nécessité absolue pour la bonne exploitation des lignes projetées de les réunir en une seule et de les diriger sur Motteville.

L'intérêt général trouve une satisfaction non moins importante dans une ligne commune aboutissant à Motteville.

« Rouen, dit le rapporteur du chemin de fer de Saint-Valery. Rouen est bien, sans « conteste, le centre de convergence des voies principales de circulation. C'est donc vers « ce point que devra tendre le système général de direction; *c'est là le plus urgent...*» (1)

Et il ajoute, en rejetant bien loin la pensée de conduire Saint-Valery à Yvetot: « Mais il est un second point mis hors du débat, c'est « qu'il importe de rejoindre Motteville, « centre de jonction des lignes du nord, de l'Ouest et dans un avenir prochain de « Caudebec...»

Et il faut à tout prix éviter « l'emprunt de la ligne de l'Ouest, d'Yvetot à « Motteville. (2) »

C'est dans cet ordre d'idées, en effet, que nous aussi nous désignons Motteville pour raccordement de la ligne de Fécamp.

(1) Procès-verbaux du Conseil général, 1871, page 1129.

(2) Procès verbaux du Conseil général, 1871, page 1133.

L'intérêt de Saint-Valery est d'aller à Motteville !

L'intérêt de Fécamp est d'aller aussi à Motteville !

D'ailleurs, comment refuser impitoyablement à l'un ce que l'on octroierait à l'autre ?

Et ce que nous avançons ici est applicable aux vallées qui seront aussi en communication directe avec le Nord et qui verront s'augmenter dans une proportion considérable la production actuelle de leurs établissements.

Mais dira-t-on peut-être, Saint-Valery en passant par Cany verra allonger son parcours de 6 à 8 kilomètres ? Nous répondrons, et le rapporteur lui-même le constate, que « tous « les soumissionnaires ont été unanimes à ne compter le tarif de Saint-Valery à Motteville « qu'en prenant pour base le parcours de la ligne la plus courte, » (1) soit : 32 kilomètres. Donc, pas d'objection de ce côté. D'ailleurs, entre les 6 ou 8 kilomètres de Saint-Valery, et les 14 kilomètres de Fécamp, y aurait-il à balancer un instant quand on sait que *tout allongement* **inutile** *de parcours sur la ligne de Fécamp, coûterait au Département 15,000 fr. par kilomètre.*

Opposerait-on la durée du trajet ? — Dix minutes peut-être! et encore faut-il en tenir compte ? si l'on juge que, bon gré malgré, les voyageurs de Saint-Valery devront toujours attendre à la gare de Motteville le passage des trains montants et descendants de la ligne de l'Ouest. Dans tous les cas, faudrait-il sacrifier à un trajet de 10 minutes, les intérêts considérables que nous défendons aujourd'hui et que, depuis dix ans, toutes les enquêtes et tous les projets ont proclamé indiscutables ?

Enfin, le rapport dont nous venons de citer un extrait constatant l'*urgence* de diriger nos lignes sur Rouen dans la direction la plus courte possible, continue ainsi : «... dans « un avenir prochain, il sera donné, nous l'espérons, de relier les points intermédiaires « entre eux et de donner ainsi satisfaction à tous les besoins sans exception.»

Cette satisfaction nouvelle que M. Cordier entrevoit dans un avenir prochain, nous lui en apportons aujourd'hui les légitimes prémices. Fécamp, Cany et Saint-Valery sont, par notre projet, reliés immédiatement entre eux et le cinquième paragraphe de l'amendement de M. Roquigny, demandant « l'étude immédiate d'un projet d'Héricourt à Dieppe par « Doudeville et la vallée de la Saâne » complétera l'achèvement du *Central Cauchois* et du réseau dont nous voulions parler tout à l'heure au point de vue stratégique.

Rouen devenant, en effet, le grand centre de défense de notre département, nous trouvons un intérêt immense, non-seulement à ce que les points secondaires de résistance qui sont le Havre, Fécamp, Saint-Valery et Dieppe, soient reliés à Rouen par la grande ligne de l'Ouest; mais aussi à ce que ces villes soient reliées entr'elles par une voie ferrée qui, en cas d'opérations militaires sur nos côtes, permettrait de porter en quelques heures le nombre d'hommes nécessaires sur les points menacés de notre littoral.

Car il est maintenant reconnu que, pour servir efficacement dans les opérations militaires soit de l'attaque, soit de la défense, les chemins de fer doivent accomplir deux conditions importantes :

(1) Procès verbaux du Conseil général, 1871, page 1133.

5

1. Relier le centre de défense aux principaux points de la frontière ;

2. Unir les divers points de la frontière par une autre ligne presque parallèle à cette frontière.

Il est donc facile de comprendre toute l'importance d'un chemin de fer reliant le Havre et Fécamp par Beuzeville — et Fécamp, Saint-Valéry, Dieppe, etc., par un *Central Cauchois*.

A l'appui de cette thèse, nous citerons la décision que vient de prendre le goùvernement sur notre frontière du Nord-Est. Notre ancienne ligne ayant été en partie détruite par le morcellement du territoire, il vient de décider la construction immédiate d'une nouvelle ligne en arrière de notre frontière actuelle.

Donc ici encore et toujours le vœu de la commission de la ville de Fécamp répond à **l'intérêt général**.

Examinons maintenant si l'**intérêt particulier** du pays et des diverses localités qui le composent, trouve dans ce projet une pleine et entière satisfaction.

Car si nous démontrons que nous les desservons toutes dans les meilleures conditions possibles, et de la manière la plus parfaite qui se puisse trouver, nous aurons achevé notre tâche et nous n'aurons plus qu'à attendre avec confiance la décision de nos juges.

Notre tracé satisfait-il l'intérêt particulier de Fécamp ?

Oui il le satisfait.

Ruiné par la concurrence des nouvelles lignes, Fécamp le proclame son unique planche de salut.

Notre tracé satisfait-il l'intérêt particulier de la Durdent et de Cany ?

Oui, il le satisfait.

Grâce à lui, la Durdent et Cany se trouvent *reliés* à Fécamp par Héricourt-en-Caux, *reliés* à Saint-Valéry avec lequel ils sont en relations constantes d'affaires, *reliés* à Yvetot vers lequel ils dirigent aujourd'hui la majeure partie de leurs produits et dont ils relèvent comme chef-lieux de canton de cette Sous-Préfecture.

Et au même titre que Fécamp, ils voient s'ouvrir pour eux les débouchés du Nord et de l'Est sur lesquels ils n'osaient plus compter.

Cany, en particulier, qui se trouvait relégué à 4 kilomètres du chemin projeté, devient la principale station de la ligne.

Notre tracé satisfait-il l'intérêt particulier d'Yvetot ?

Oui, il le satisfait.

Dans le tracé primitif, Yvetot n'était relié qu'à la Durdent. Il se trouve maintenant en communication directe avec Saint-Valéry chef-lieu, nous l'avons dit, un de ces principaux cantons et son unique port de mer.

Il devient tête de deux lignes au lieu d'une seule. Il a plus qu'il n'eût osé demander.

Enfin, notre tracé satisfait-il l'intérêt particulier de Saint-Valery ?

Oui, il le satisfait.

Il le satisfait à tous égards et dans des conditions beaucoup plus avantageuses que Fécamp, puisque le parcours ne lui est compté que pour 32 kilomètres. Saint-Valery ne perdra donc pas le transit d'une tonne de marchandise.

Il le satisfait au point de vue de ses relations avec Yvetot, sa Sous-Préfecture.

Il le satisfait surtout au point de vue du mouvement maritime de son port, qui trouvera comme aujourd'hui dans les vallées son principal aliment.

D'ailleurs, pourquoi Saint-Valery refuserait-il aux intéressantes vallées qui descendent à ses portes et à Cany lui-même, la faveur d'être desservi par une voie qui doublera la production de leurs usines, le plus souvent au profit du cabotage de Saint-Valery.

Puis, en dernière analyse, Saint-Valery peut-il exiger du Conseil général 32 kilomètres de chemin de fer, alors qu'on peut le satisfaire avec 13 ou 14 seulement ? La distance de Cany à Saint-Valery est en effet de 14 kilomètres.

Enfin, nous procurons une dernière satisfaction aux Concessionnaires eux-mêmes, puisque sans augmenter le développement kilométrique du réseau, nous leur offrons un nouvel élément de trafic en reliant ainsi entr'elles les principales villes de notre riche et fertile contrée.

DONC :

Au point de vue de la satisfaction du plus grand nombre d'intérêts possible ;

Au point de vue du développement des forces vives du pays et de sa richesse ;

Au point de vue de la bonne et sérieuse exploitation des lignes concédées ;

Au point de vue de l'intérêt de l'Etat et de la défense du département ;

Au point de vue, en un mot, de l'**intérêt général** comme de l'**intérêt particulier** du pays ; notre projet est le seul qui réponde aux besoins des populations et par conséquent au but du Conseil général lui-même.

La Commission de la ville de Fécamp **en réclame l'adoption avec la plus vive et la plus énergique insistance.**

Elle s'empresse d'ajouter qu'elle compte sur la sollicitude et sur l'équité du Conseil général pour que l'exécution de son embranchement ait lieu concurremment avec celui de Saint-Valery.

Vouloir attendre « que la ligne de Saint-Valery ait atteint une recette brute maxima de « 12,000 fr. par kilomètre, et en tout cas, un délai de trois années à partir de *la mise en* « *exploitation* de la ligne *de Saint-Valery*,» serait vouloir tuer, de propos délibéré, une des villes les plus commerçantes de la Seine-Inférieure et l'un des premiers ports de pêche de France.

Seconde proposition. — Tracé mixte par Doudeville et les Plateaux (tracé bleu).

En traitant la question si importante des chemins de fer du Pays de Caux, au seul point de vue de l'**intérêt du plus grand nombre**, et en démontrant la nécessité d'un tracé unique par les vallées, la Commission de la ville de Fécamp n'a pas eu l'intention de faire acte d'hostilité vis-à-vis de Saint-Valery, ni de Doudeville, ni des plateaux.

Elle a exposé ce qui est l'intérêt rationnel du pays ; et ceci dit sans passion, comme sans faiblesse, elle s'est associée avec empressement à l'amendement de M. Roquigny et de ses collègues, demandant « l'étude immédiate d'un projet d'Héricourt à Dieppe par *Doudeville* « et la vallée de la Saâne. »

Mais elle tient à donner dès maintenant une preuve non équivoque de ses sympathies réelles pour des aspirations qu'elle a eu le regret, mais le devoir de combattre ; et, comme après tout, Fécamp ne demande qu'une seule chose : *aller directement à Motteville*..!

La commission vient faire acte d'adhésion pure et simple à un second projet qui donne satisfaction à Doudeville et aux plateaux.

Ce tracé est celui du Conseil général avec une modification insignifiante en elle-même, mais *décisive* au point de vue de la conciliation cherchée.

Il va en ligne directe de *Saint-Valery à Motteville* par Doudeville et Veauville-les-Baons et de *Fécamp à Motteville* par Ourville et Veauville-les-Baons.

Cette dernière station devient le point contact qui permet à toutes les localités desservies par les deux lignes de se rendre indistinctement *soit à Yvetot, soit à Motteville*.

Un embranchement direct de Cany à Héricourt met la Durdent en communication avec ces lignes, et leur double terminus.

Toutefois, qu'il soit bien entendu que Fécamp n'adhérerait à ce second projet qu'à titre de conciliation ; car à ses yeux **le premier est le seul qui satisfasse l'intérêt général du pays.**

CONCLUSION

La Commission de la ville de Fécamp ne demande qu'une seule chose ; mais elle la demande avec la plus vive et la plus énergique insistance :

Aller directement à Motteville par la voie la plus courte possible.

Elle repousse donc à tous les points de vue, l'idée des deux lignes distinctes de Motteville à Saint-Valery et d'Yvetot à Fécamp telles qu'elles sont soumises à l'enquête. (Tracé rouge.)

Elle présente deux contre-projets à l'appui de cette déclaration :

1· Un tracé *unique* par la Durdent. (Tracé orange ;)

2· Un tracé *mixte* qui dessert imparfaitement les vallées, mais qui satisfait les plateaux. (Tracé bleu.)

Elle réclame instamment *l'adoption du premier* qui seul répond aux véritables besoins du pays :

Il conduit **Fécamp**, les Vallées et Saint-Valery **à Motteville**, Yvetot et Caudebec ;

Il relie directement ensemble Fécamp, les Vallées et Saint-Valery ;

Et réalise, dès maintenant, la pensée du *Central Cauchois* qui, au double point de vue de la prospérité et de la défense du département, imposera, dans un avenir très-prochain. sa complète exécution.

Enfin *elle se rallierait* au second tracé par esprit de conciliation.

Ce tracé respecte dans son intégrité le vote du Conseil général. Seulement, il laisse Doudeville à gauche au lieu de passer à sa droite ; et grâce à l'intersection de Veauville **il permet à Fécamp d'aller directement à Motteville.**

Toutefois, si en adoptant l'un ou l'autre tracé, le Conseil général croyait devoir imposer à Fécamp la courbe de Riville à Grainville au lieu de la ligne droite de Riville à Héricourt-en-Caux, Fécamp réclamerait énergiquement un tarif basé sur ce dernier parcours.

Cette concession a été faite à Saint-Valery dès le principe ; on ne saurait en bonne justice la refuser à Fécamp.

Enfin et en tout état de cause, il réclame **l'exécution simultanée des embranchements de Fécamp et de Saint-Valery.**

Le Rapporteur,

Signé : **V. FRANQUE.**

·LES MEMBRES DE LA COMMISSION :

Signé : LEGROS, Maire, président : DECREUS, Commissaire de l'Inscription maritime, Vice-Président ; CH. HUE-MAZE, Membre du Conseil municipal, Juge au Tribunal de Commerce, Secrétaire ; RENAUD, Ingénieur, Membre du Conseil municipal ; MILON, Négociant. RENAULT, MAZE, Adjoints. — GAYANT, DUVAL (MARTIN), BRUMENT, CHALANGE, BOUFART (AMÉDÉE), Membres du Conseil municipal. — A. LEBORGNE, LEVIEUX, MONNIER (HONORÉ) fils.— PAPELOREY, Négociants et Armateurs. — DUHAMEL, Capitaine de navires. — MERIIÉ, Directeur de Corderie.

Extrait du Registre des délibérations du Conseil Municipal de Fécamp.

Séance du 13 avril 1872.

LE CONSEIL MUNICIPAL

Délibérant, conformément à l'arrêté préfectoral du 2 mars 1872, sur l'utilité et la convenance de l'avant-projet du Chemin de fer d'intérêt local d'Yvetot à Fécamp;

Vu les décisions prises par le Conseil général dans sa session de 1871 ;

Après un examen approfondi du rapport de la Commmission spéciale qu'il a nommée dans sa séance du 23 mars pour étudier les questions que soulèvent, en ce qui concerne Fécamp, les projets actuellement à l'enquête,

Adopte dans son entier les termes et considérants de ce rapport,

Déclare à l'unanimité que le tracé du chemin d'Yvetot à Fécamp compromet les intérêts de la ville,

Demande en conséquence, conformément au rapport dont il approuve les conclusions, que la ligne à créer soit tracée de manière à **relier directement Fécamp à Motteville**.

LES MEMBRES DU CONSEIL MUNICIPAL :

LEGROS, Maire, — RENAULT et MAZE, Adjoints,
— GAYANT, — CHALANGE, HANDYSIDE, —
LEBRUN, — Ch. HUE-MAZE, — HOULBRÈQUE,
— DUHAMELET, — AVISSE, — FRIBOULET, —
RENAUD, — POLLIN, — BOUFART, — GOSSET,
— LEROUX, — PALFRAY, — DELAROCQUE, —
BRUMENT, — PIMONT. — GRINDEL, — LIMARE,
— LECANU-LOUVEL, — DUVAL (Martin), —
FOUBERT.

Pour extrait,

Le Maire.

Signé : LEGROS.

ANNEXE N° 2

Lettre adressée au Conseil général de la Seine-Inférieure réuni en session extraordinaire, le Samedi 15 Juin 1872, pour statuer définitivement sur le réseau projeté des Chemins de fer d'intérêt local du département.

Fécamp, 10 juin 1873.

A Monsieur le Président et à Messieurs les Membres du Conseil général de la Seine-Inférieure,

Messieurs.

Au moment où vous êtes appelés à résoudre d'une façon définitive les questions relatives à l'établissement du réseau des voies ferrées d'intérêt local dont vous avez décidé la création, les membres de la commission nommée par la Chambre de commerce et par le Conseil municipal de la ville de Fécamp pour veiller à la sauvegarde des intérêts de cette ville, viennent faire appel aux sentiments d'équité dont vous êtes animés, et vous prier de décider que l'embranchement concédé sur Fécamp ira de suite prendre son *terminus* à Motteville.

Des raisons puissantes militent en faveur de cette solution :

En concédant la ligne de Beuzeville à Port-Jérôme, se raccordant avec celle des bords de la Seine, qui doit donner une satisfaction depuis longtemps attendue aux manufacturiers de Bolbec et de Lillebonne, — aujourd'hui tributaires du port de Fécamp pour l'approvisionnement de leurs usines, — vous enlevez à ce port le débouché le plus important qu'il possède pour le combustible qu'il fait venir d'Angleterre, *et la part en est bien considérable, puisqu'elle est égale aux deux tiers au moins de la masse importée.*

Dans une pareille situation, l'avenir de Fécamp sera compromis au plus haut degré, si de nouveaux débouchés, pour tous les produits de son commerce et de son industrie, pour tous les produits de la pêche, ne lui sont donnés.

Or, par Motteville, destiné à devenir le point de raccordement avec les lignes venant du Nord, Fécamp se trouvera bientôt à même de diriger les produits de son industrie sur ce grand marché de la Picardie et de la Flandre avec lequel il a déjà quelques rapports, — mais des rapports difficiles qu'il importe d'améliorer.

Par un tracé direct sur Motteville, Fécamp trouverait une abréviation de parcours sur Rouen et Paris, et par conséquent, des facilités plus assurées pour faire parvenir ses marchandises dans de meilleures conditions jusqu'aux points extrêmes qu'elles peuvent atteindre.

Par ce tracé, vous assureriez aussi, Messieurs, le développement de l'industrie dans les vallées de Valmont et de la Durdent, dont les rivières offrent une force motrice qui sera utilisée d'une façon complète le jour où l'on pourra enlever facilement les produits créés dans leurs usines.

Sans nous appesantir sur d'autres considérations exposées déjà dans les mémoires que la Chambre de Commerce et la Commission instituée par la municipalité ont déposés à l'enquête, et dont plusieurs exemplaires sont joints à cette lettre.

Les soussignés, agissant au nom et dans les intérêts de la ville de Fécamp, vous supplient, Messieurs, de décider que le chemin de fer qui les intéresse et dont vous allez adopter le tracé définitif, joindra, comme il est possible de le faire, par la ligne la plus directe, le port de Fécamp avec la station de Motteville, sans faire perdre à cette ligne son caractère d'utilité locale.

En donnant cette satisfaction aux intérêts que nous représentons, vous ferez acte d'équité, et notre population tout entière vous en sera reconnaissante..

Nous demandons le tracé le plus direct et par conséquent le plus court sur Motteville parce que nous préoccupant aussi de tous les intérêts en jeu, — ceux du département considérés au point de vue financier, ceux des populations, et aussi celui de la compagnie concessionnaire, il nous paraît possible, Messieurs, que vous reveniez au projet primitif, si bien accueilli par les populations intéressées, et devant conduire Saint-Valery à Motteville en passant par la Durdent, et nous-mêmes au même point par Héricourt.

Un pareil tracé serait d'autant plus désirable que, donnant satisfaction complète à Saint-Valery, à Vittefleur, à Cany, à toute la vallée de la Durdent (si digne de vos préoccupations, comme celle de Valmont,) il ne pourrait porter de préjudice à la première de ces localités, puisque vous aviez pensé à lui accorder une détaxe équivalant à l'allongement du parcours. Dans cette situation, la ligne de Fécamp venant s'embrancher à Héricourt, *l'intérêt des deux lignes deviendrait commun et les chances d'une bonne et fructueuse exploitation, qui échappent à la ligne la plus orientale dans le système de la séparation, se trouveraient réunies, tout en diminuant considérablement les frais de construction*, puisque l'ensemble du réseau commun ainsi concédé se trouverait très-notablement raccourci et qu'il s'établirait, au moins dans la vallée de la Durdent, sur des terrains ayant moins de valeur que ceux qui sont livrés à l'agriculture sur les hauts plateaux du pays de Caux.

On a cherché, Messieurs, à faire croire à plusieurs d'entre vous que Fécamp, en demandant cette modification dans le tracé de la ligne de Saint-Valery, est animé d'un sentiment d'hostilité — de jalousie contre ce port voisin. Détrompez-vous : il ne peut ni ne saurait être guidé par un pareil mobile, et c'est vainement que l'on en chercherait le motif. Saint-Valery et Fécamp ont leur place au soleil; leur existence est indépendante, et l'extension de leur commerce, absolument indépendant aussi, n'est limitée que par l'étendue de leurs bassins, la configuration de leur port et la sécurité qu'il offre aux navigateurs ! Cette situation réciproque ne peut être modifiée par l'établissement de deux voies ferrées séparées et indépendantes; *elle peut s'améliorer pour Saint-Valery par un tracé commun, puisqu'alors on livre à ce port la vallée de la Durdent dont il devient l'approvisionneur forcé*, tandis que cette vallée lui échappe fatalement et tombe dans les bras de notre commerce local, si Saint-Valery est relié à Motteville, uniquement par les plateaux.

Cependant, Messieurs, si nos prévisions doivent ne pas se réaliser, et si vous maintenez le tracé du chemin de Saint-Valery par les plateaux, nous considérons comme un devoir de vous déclarer que, *dans un but de conciliation*, et pour assurer le service de Cany comme celui de la vallée de la Durdent, nous accepterons encore avec reconnaissance le tracé que vous avez indiqué précédemment par Riville. Grainville et Héricourt, mais pourvu alors que vous nous conduisiez directement à Motteville.

Dans tous les cas, et quel que soit le tracé adopté, Yvetot pourra toujours être relié lui-même à la nouvelle voie, par un embranchement aboutissant vers Etoutteville ou Veanville. ainsi que nous l'avons proposé.

En résumé, MOTTEVILLE *est l'objectif du commerce de Fécamp*; nous espérons, Messieurs. que vous allez nous y conduire par un tracé aussi direct que possible, dont vous voudrez bien ordonner l'exécution immédiate. ou au moins simultanée avec l'exécution de celui des embranchements de Bolbec ou de Saint-Valery qui sera exécuté le premier. En effet, attendre le délai de trois années après la mise en exploitation de la ligne de Saint-Valery, ou, circonstance plus décevante. attendre que cette ligne produise une recette de 12,000 fr. par kilomètre, ce serait vouloir que Fécamp succombe, écrasé par la concurrence résultant de la création d'un lieu de débarquement à Port-Jérôme. qui deviendrait ainsi l'unique approvisionneur des usines de Bolbec et Lillebonne.

Maintenant, Messieurs. confiants dans votre équitable bienveillance, nous vous remercions à l'avance de la juste et importante satisfaction que vous voudrez bien nous donner en réalisant notre vœu.

Agréez, etc.

Fécamp, le 10 juin 1872.

(Suivent les signatures.)

ANNEXE N° 3

Fécamp, 24 juin 1872.

Rapport des délégués de la Commission du chemin de fer d'intérêt local de Fécamp à Motteville envoyés à Rouen le 15 juin à l'occasion de la session extraordinaire du Conseil général.

A Messieurs les Membres de la Commission du Chemin de fer d'intérêt local de Fécamp à Motteville.

Messieurs et chers Collègues,

Nous venons vous rendre compte de la mission dont vous nous avez chargés à l'occasion de la discussion, dans le Conseil général de la Seine-Inférieure, des chemins de fer d'intérêt local du département, au nombre desquels est celui de Fécamp à Yvetot.

En arrivant à Rouen, notre premier soin a été de nous mettre en rapport avec celui des concessionnaires présents. M. Girard, et d'intéresser à notre cause tous les membres du

Conseil général que nous avons pu rencontrer. Nous les avons vus presque tous, en compagnie de M. Houlbréque, président de la Chambre de Commerce.

Nous leur avons fait valoir les arguments qui militaient en faveur des tracés présentés par votre Commission et dont le plus concluant était assurément l'acceptation unanime de nos conclusions par la Commission d'enquête chargée des intérêts de notre région.

Nos explications ont été comprises. La majorité des membres du Conseil général a reconnu la précipitation regrettable du vote de la précédente session, et tous, nous pouvons le dire, n'attendaient que le moment de nous rendre justice.

La Commission des chemins de fer elle-même, avec une loyauté qui l'honore, n'a pas hésité à reconnaître la justesse de nos observations ; et nous croyons pouvoir affirmer, sans crainte d'être démentis, que le tracé dit *de conciliation* a été voté par elle à l'unanimité des voix.

Tout était donc pour le mieux, quand, au dernier moment, le concessionnaire consulté a déclaré ne pouvoir accepter pour le présent, aucune modification aux tracés déjà votés et concédés qui étaient, disait-il, la base de traités et d'engagements que lui-même avait dû contracter ailleurs, ou en cours d'exécution. Il a même ajouté que cette modification était de nature, selon lui, à retarder la promulgation du décret d'utilité publique et qu'il ne pouvait s'y résoudre ; qu'il userait donc du droit strict que lui donnait son contrat avec le Conseil général et qu'il s'en tiendrait purement et simplement aux termes de ce contrat. Cependant il a déclaré qu'il était prêt a donner satisfaction à des intérêts dont il ne méconnaissait pas l'importance et qu'il ferait volontiers, à la session du mois d'août, par exemple, une proposition pour le prolongement de la ligne de Fécamp jusqu'à Motteville.

En présence de cette déclaration, et malgré les protestations bien rationnelles de plusieurs conseillers généraux, la Commission est revenue à sa première décision ; et, malgré nos justes réclamations, nous avons été sacrifiés une fois encore par une majorité de 8 voix contre 5. La majorité du Conseil général a ratifié ensuite, par un nouveau vote sa précédente concession.

Toutefois, le Conseil général qui appréciait, nous l'avons dit, la valeur de nos réclamations et qui ne cédait, croyons-nous, qu'à une appréhension illusoire, a admis en principe le prolongement de la ligne d'Héricourt-en-Caux à Motteville et de Grainville à Cany.

Tel est, Messieurs, le simple exposé de faits dont nous pouvons garantir l'exactitude.

Maintenant, devons nous accepter, sans mot dire, l'incroyable situation qui nous est faite, et par une sorte d'acquiescement tacite, laisser croire que cette importante question n'avait pas, pour la ville de Fécamp en particulier, le caractère de vitalité que nous lui avions donné ?

Vous remarquerez que, dans cette circonstance, nous rallions tout à nous : la raison, les faits, l'opinion publique, le vote unanime de la Commission d'enquête, le vote complémentaire du Conseil général lui-même, et les intérêts des concessionnaires qui n'ont agi, nous le savons, que sous l'empire d'une appréhension regrettable et peu fondée.

Vous déciderez, Messieurs, et vous direz si nous ne devons pas à notre pays, à nos concitoyens, de continuer la tâche laborieuse qu'ils nous ont confiée.

Fécamp, 24 juin 1872.   (*Suivent les Signatures*).

ANNEXE N° 4

Protestation adressée au Conseil général des Ponts et Chaussées, contre la coucession de la ligne d'Yvetot à Fécamp,

A Messieurs les Membres du Conseil général des Ponts et Chaussées.

Fécamp, 25 juin 1872.

Le Conseil général de la Seine-Inférieure a voté dans sa session de 1871, un réseau de chemin de fer d'intérêt local.

Au nombre des lignes concédées se trouvent une ligne du Havre à Rouen par la vallée de la Seine, et une autre de Port-Jérôme à Beuzeville.

Ces lignes traversent toutes deux les vallées de Lillebonne et de Bolbec, et, grâce au rapprochement des distances, elles vont enlever à Fécamp le principal élément de son commerce maritime : le transport des houilles anglaises dans ces vallées, et l'approvisionnement de leurs usines.

Fécamp, quoique frappé dans ses plus graves intérêts, n'a point songé cependant à protester contre l'établissement de ces lignes. Il reconnaît leur incontestable utilité ; elles seront un véritable bienfait pour les pays qui en seront dotés.

Mais Fécamp s'est demandé s'il ne pouvait pas obtenir par ailleurs une légitime compensation, ou s'il devait assister, impuissant, à la ruine de son établissement maritime ?

Cette compensation s'est présentée tout naturellement à lui.

Dans le réseau voté par le Conseil général, se trouvaient aussi une ligne de Saint-Valery à Motteville, et une ligne de Fécamp à Yvetot. Fécamp entrevit dans ces lignes la sauvegarde de ses intérêts. — Non pas qu'un tracé sur Yvetot pût en quoi que ce soit réaliser ses espérances ; mais il suffisait d'une modification le faisant aboutir à Motteville, point de raccordement avec toutes lignes existantes ou projetées, pour lui ouvrir des débouchés nouveaux. L'enquête voulue par la loi devait nécessairement indiquer cette solution.

Cette enquête a eu lieu, en effet, et la Commission spécialement chargée des intérêts du magnifique pays, compris entre Saint-Valery Fécamp et Yvetot a voté, *à l'unanimité des voix*, les conclusions présentées par la ville de Fécamp, et qu'appuyaient avec énergie les délibérations de cinquante-cinq communes sur soixante-sept consultées.

Que demandait la ville de Fécamp ?... Ce qu'elle avait toujours demandé... mais en tenant compte d'Yvetot, qu'on mettait en question.

1° Un *tracé commun* (tracé orange (1), naturellement *indiqué par les directions que suivent actuellement les transports.*

(1) Voir le plan.

Il allait de Motteville à Héricourt-en-Caux. . . . . 17 k. 300
avec bifurcation :
Sur Fécamp par Ourville et la vallée de Valmont. 28   150
Sur Saint-Valery par la vallée de la Durdent. 25   500

Total. . . . . 70 k. 950

On obtenait ainsi :
Economie de parcours. — Frais de premier établissement peu considérables. — *Exploitation facile et fructueuse par la* CONCENTRATION *sur une ligne commune de toute la production possible du pays et du trafic de deux ports de mer.* En un mot : un véritable chemin de fer d'intérêt local.

2° Un tracé dit *de conciliation* (tracé bleu), bien inférieur sans doute au premier, mais présenté pour tenir compte des aspirations de Doudeville.

Il se dirigeait en ligne directe { de Fécamp sur Motteville. . . . . 48 k. 050
} et de Saint-Valery sur Yvetot. . . . 31   850

Total. . . . . . . 79 k. 900

Le croisement des deux lignes vers Etoutteville permettait aux localités desservies de se rendre à leur gré soit à Yvetot, soit à Motteville.

La Commission d'enquête s'était ralliée *à l'unanimité* au premier de ces deux tracés, en demandant toutefois un petit embranchement de sept kilomètres d'Etoutteville à Yvetot, pour relier cette dernière ville au tracé commun que nous avons indiqué. Subsidiairement elle avait demandé l'adoption du tracé dit *de conciliation.*

Mais le Conseil général en a décidé autrement.

Dans sa session de 1871, il avait voté *sans enquête* le réseau dont les populations intéressées devaient reconnaître bientôt les défectuosités ; et *sans enquête,* il en avait concédé aussi l'exécution !

Ce qui était à prévoir s'est réalisé : les enquêtes ouvertes sur les avants-projets, base de la concession Delahante et Girard, ont amené des réclamations importantes desquelles devaient résulter des modifications aux tracés adoptés par le Conseil général. Mais placée entre les vœux des populations et les conventions déjà passées par elle, cette assemblée, nonobstant les conclusions unanimes de notre Commission d'enquête, a persisté dans ses résolutions antérieures et confirmé sa concession de 1871, soit (tracé rouge) :

Une ligne de Motteville à Saint-Valery. . . . . 30 k. 300
Une ligne d'Yvetot à Fécamp 41   835

Total . . . . 72 k. 135

Autrement dit, la contre partie du *tracé commun,* demandé par la ville de Fécamp, demandé par les cinquante-cinq communes dont nous avons parlé et voté par la Commission d'enquête *à l'unanimité des voix.* — Lignes essentiellement indépendantes quoique parallèles dans la plus grande partie de leur tracé et n'offrant *isolément* aucune chance de bonne exploitation, en se dirigeant l'une, à travers les plateaux non industriels du Pays-de-Caux; l'autre, *uniquement* sur Yvetot qui ne lui offrira jamais un débouché sérieux.

Réunies, ces lignes sont appelées à rendre un immense service aux populations; séparées, elles ne feront que végéter (l'une d'elles au moins, — celle de Saint-Valery) sans profit sérieux pour personne.

Et le Conseil général a si bien compris l'insuffisance de son vote que dans la même séance, il a décidé en principe, *mais sans statuer sur la question essentielle du mode d'exécution*, la construction d'un embranchement de Cany à Grainville . . . 4 k. »»
et un autre de Héricourt-en-Caux à Motteville. 17   300

Ensemble . . . . 21 k. 300

pour donner satisfaction à des intérêts qu'il sacrifiait, contre son gré, à une regrettable appréhension que nous allons dire :

Ajoutons auparavant que ces 21 kil. 300 additionnés aux 72 kil. 135 déjà votés donneraient un développement de . . . . 93 k. 435
quand le тRACÉ COMMUN ne donnerait que 70   950

Différence. . . . . 22 k. 485

et avec l'embranchement de 7 kil. sur Yvetot : 15 kil. 485.

Et quel est le motif pour lequel le Conseil général n'a pas hésité à sacrifier les intérêts de notre région ?... C'est qu'au dire du concessionnaire, une modification au projet primitivement voté par le Conseil général, en 1871, était de nature à entraver la promulgation IMMÉDIATE du décret d'utilité publique en exigeant la mise à l'enquête de cette modification.

Vous apprécierez, Messieurs, la valeur de cet argument qui a trouvé gain de cause auprès de la majorité du Conseil général.

Pour nous, nous protestons de toute notre énergie contre une concession faite de prime abord sans que les intéressés aient pu se faire entendre ; puis ratifiée par un vote *contraire* aux résultats de l'enquête exigée par la loi pour la sauvegarde des intérêts de tous.

Et faisant appel aux sentiments de haute justice dont nous vous savons animés, nous vous conjurons de ne pas reconnaître l'utilité publique d'un chemin de fer *d'intérêt local*, tracé de manière à compromettre à tout jamais le commerce d'un port dont le matériel flottant se chiffre par plusieurs millions, et dont l'industrie prend tous les jours une extension considérable.

Vous ne reconnaîtrez pas non plus l'utilité publique de deux lignes distinctes traversant presque *parallèlement une même région* sans raison sérieuse.

Vous proclamerez au contraire l'utilité publique d'un *tracé commun* réunissant ces deux lignes, de manière à assurer leur vitalité en les dirigeant sur Motteville et *en concentrant sur leur parcours les transports de toute la région.*

Si, cependant, et pour des motifs que nous n'avons pas à apprécier, vous mainteniez l'isolement de la ligne de Saint-Valery sur les plateaux, Oh! alors, prenant acte du principe admis par le Conseil général lui-même, et tenant pour suffisantes les conclusions unanimes de notre Commission d'enquête, vous comprendrez, dès maintenant, dans le décret d'utilité publique, le prolongement de la ligne de Fécamp jusqu'à Motteville, par la voie la plus courte possible, seul et unique moyen de préserver notre port d'une ruine certaine.

Les concessionnaires eux-mêmes accepteront, avec empressement, un tracé qu'ils eussent demandé les premiers, s'ils n'avaient pas craint, ont-ils dit, d'entraver la promulgation du décret d'utilité publique, par cette modification, conséquence immédiate de l'enquête.

A l'appui de notre demande, nous joignons les mémoires et les documents que nous avons publiés sur cette question vitale, et nous espérons que vous voudrez bien entendre également les explications orales des délégués de la Ville et de la Chambre de Commerce de Fécamp.

Veuillez agréer,

(Suivent les Signatures.)

Fécamp, 25 juin 1872.

ANNEXE N° 3

Protestation adressée à M. le Ministre des travaux publics, contre la concession de la ligne d'Yvetot à Fécamp.

Fécamp, 25 juin 1872.

Monsieur le ministre,

Le Conseil général de la Seine-Inférieure est en instance auprès de vous pour obtenir la promulgation du décret d'utilité publique d'un réseau de chemins de fer d'intérêt local dans la Seine-Inférieure.

Loin de nous opposer à ce décret nous joignons au contraire, nos efforts à ceux du département tout entier pour en solliciter l'obtention immédiate.

Mais nous venons solliciter aussi de votre haute justice une modification au tracé des lignes de Saint-Valery à Motteville et de Fécamp à Yvetot, sans laquelle ces deux lignes perdent à la fois et leur caractère d'utilité publique et celui non moins important de chemin de fer d'intérêt local.

Nous le demandons à ce double titre et au nom des intérêts méconnus de la ville de Fécamp sacrifiée, ruinée par la disposition illogique des tracés concédés.

Nous le demandons aussi parce que ces tracés contraires au vœu des populations, contraires, nous le savons, au sentiment intime du Conseil général lui-même n'ont été votés que sous l'empire d'une considération vraiment illusoire : la crainte de voir retarder de quelques jours par des nécessités de forme, la promulgation du décret d'utilité publique.

Tel a été l'argument invoqué par les concessionnaires et devant lequel le Conseil général s'est arrêté.

Nous comprenons certainement la haute importance que doit attacher le Conseil général à obtenir, le plus tôt possible, pour l'ensemble de son réseau la déclaration d'utilité publique. Mais ce ne peut-être là un argument assez sérieux pour nous faire oublier que nous représentons de nombreux intérêts dignes aussi d'être pris en sérieuse considération.

Nous venons en conséquence, Monsieur le ministre, appeler votre bienveillante attention sur la note ci-jointe qui résume les motifs de notre légitime réclamation.

Nous osons espérer que lui réservant un accueil favorable, vous permettrez aux délégués de la ville de Fécamp de se faire entendre au sein du Conseil général des Ponts et Chaussées et que vous sauvegarderez les intérêts de notre ville, de son commerce et de son industrie.

Recevez, Monsieur le ministre, l'hommage de notre profond respect.

(*Suivent les signatures.*)

Fécamp, 25 juin 1872.

ANNEXE N° 6

Fécamp, 17 septembre 1872.

Dire déposé à l'enquête ouverte à Yvetot sur le vote complémentaire du Conseil général — (Session du 15 juin.) — Embranchements de Héricourt-en-Caux à Motteville.

Aux enquêtes du mois de mai dernier, la ville de Fécamp, par l'organe de sa Municipalité et de sa Chambre de Commerce, a formulé ses appréciations motivées sur les avant-projets des chemins de fer d'intérêt local de Motteville à Saint-Valery et d'Yvetot à Fécamp.

Dans des études multiples et consciencieusement faites, elle a déduit les raisons qui justifient :

1° La combinaison de ces deux lignes de manière à aboutir à un tracé unique et rationnel, répondant aux besoins réels du pays et donnant satisfaction aux intérêts sérieux impliqués dans cette importante question ;

2° La situation particulièrement désavantageuse faite au port de Fécamp par la création du réseau voté par le Conseil général en 1871 ; et la nécessité, pour cette localité, de demander aux tracés projetés une modification qui compense le préjudice que lui causera inévitablement l'ouverture des lignes du Havre au Port-Jérôme et de Port-Jérôme à Beuzeville par Lillebonne et Bolbec.

La compensation poursuivie consiste dans le raccordement de Fécamp à Motteville par la voie la plus courte possible, en desservant les vallées qui donnent à cette ligne son caractère d'intérêt local.

Les raisons invoquées à l'appui des légitimes demandes de la ville de Fécamp ont reçu l'accueil qui leur appartient. On ne saurait en avoir une preuve plus évidente que l'adhésion de 55 communes sur 67 que cette affaire intéresse et les conclusions unanimes de la Commission d'enquête appelée à formulé son avis sur l'utilité publique de la ligne d'Yvetot à Fécamp.

Quoiqu'il en soit, mû par la crainte du retard que pourrait subir la déclaration d'utilité publique pour l'ensemble du réseau si un ramaniement était admis sur l'une des parties, (*Rapports de MM. Nétien, pages 49 et 93, et Savoye, pages 91 et 92*), le Conseil général, dans sa session du 15 juin, a maintenu purement et simplement sa décision du mois de novembre 1871.

Toutefois, si une satisfaction immédiate échappa alors à la ville de Fécamp, la Commission spéciale des chemins de fer au sein du Conseil général reconnut que « SES INTÉRÊTS ÉTAIENT SANS NUL DOUTE TRÈS-LÉGITIMES ; » (*Rapports de M. Nétien. page 49*)

Ailleurs, par l'organe de l'honorable M. Savoye (*page 91*) « que le tracé recommandé « subsidiairement par la Commission d'enquête donne satisfaction à DES INTÉRÊTS COMPLÈ- « TEMENT NÉGLIGÉS OU TRÈS-INSUFFISAMMENT POURVUS ; que ce tracé aurait l'avantage d'établir « une communication directe entre la ligne de Fécamp et la gare de Motteville ; que c'est « un résultat DONT L'UTILITÉ N'EST PAS CONTESTÉE, mais qu'il peut être atteint sans modifier le « tracé mis aux enquêtes par l'établissement d'une branche de raccordement d'Héricourt « à Motteville, et que l'exécution de ces tracés ne préjuge en rien la question de ce raccor- « dement à Motteville. »

Sous l'empire de ces considérations. « après examen des rapports des Commission d'en- « quête, comme complément des chemins de fer d'intérêt local votés, et afin de donner « satisfaction à des BESOINS SÉRIEUX ET JUSTIFIÉS, » la Commission des chemins de fer, par l'organe de son Président, l'honorable M. Nétien, « proposa d'inviter M. le Préfet à faire « étudier et à soumettre aux enquêtes les lignes....

« 3° de Grainville à Cany :

« 4° de Héricourt à Motteville,

« afin que le Conseil général puisse statuer sur ces diverses lignes dans la session « d'août. »

Cette proposition adoptée par le Conseil général, et les enquêtes actuellement ouvertes, permettent d'entrevoir que les intérêts de Fécamp, Valmont, Ourville et Cany sont affirmés par le Conseil général lui-même et peuvent désormais compter sur la satisfaction à laquelle ils ont des droits incontestables et incontestés.

Dans cet ordre d'idées, la ville de Fécamp ne peut qu'attendre de l'équité du Conseil général une prompte décision qui lui assure, dans un aussi bref délai que possible, au moyen de l'embranchement d'Héricourt à Motteville, ce qu'elle n'a cessé de demander, c'està-dire le raccordement de son chemin de fer d'intérêt local à Motteville, point de jonction des lignes de Saint-Valery. Caudebec et Etaimpuis, et issue naturelle, directe et économique vers le Nord, les rives de la Seine et la Basse-Normandie, des produits agricoles et industriels de la région que la ligne des chemins de fer d'intérêt local de Fécamp est appelée à desservir.

Pour appuyer cet avis, il n'est pas nécessaire de répéter ici les raisons précédemment développées dans les mémoires déposés aux enquêtes du mois de mai. Les conclusions unanimement favorables de la Commission d'enquête de la ligne d'Yvetot à Fécamp et, par-dessus tout, le sentiment du Conseil général lui-même, tel qu'il résulte des citations faites dans le présent dire, rendent aujourd'hui cette production superflue. Tous les documents déjà fournis sont désormais acquis à l'information dont les enquêtes actuelles peuvent être considérées comme la conclusion forcée.

Finalement, pour que la satisfaction due aux intérêts de Fécamp et des localités qui s'y rattachent soit complète, il convient, en outre, de demander avec instance que la déclaration d'utilité publique concernant les lignes de Grainville à Cany et d'Héricourt à Motteville soit poursuivie simultanément avec celle du réseau entier soumis aux délibérations du Conseil général des Ponts et Chaussées.

Ce vœu trouve sa raison d'être dans ce fait que les tronçons dont il s'agit sont le complément du réseau déjà concédé et aussi, dans cette circonstance, que le travail du Conseil général des Ponts et Chaussées ne saurait être, en aucune façon, retardé par l'examen du complément d'une information dont tous les éléments lui sont déjà fournis par les dossiers actuellement déposés entre ses mains.

(Suivent les signatures)

Fécamp, 17 septembre 1872.

ANNEXE Nº 7

Dernières conclusions de Fécamp, présentées au Conseil général des Ponts et Chaussées.

Fécamp, mars 1873.

A Messieurs les Président et Membres du Conseil général des Ponts et Chaussées,

Messieurs,

Nous avons sollicité l'honneur d'être entendus par vous sur la question des chemins de fer d'intérêt local de la Seine-Inférieure, et, en particulier, sur les lignes de Fécamp et de Saint-Valery qui intéressent directement notre région.

7

Mais nos délégués ayant déjà été reçus par votre Commission, et se souvenant encore du bienveillant accueil fait à leurs légitimes réclamations, nous craindrions de nous rendre importuns en insistant pour qu'ils soient entendus de nouveau par le Conseil assemblé.

Cependant, nous avons pensé qu'au moment où vous alliez prononcer définitivement sur une question d'une importance aussi considérable, et qui va décider de l'avenir de notre ville, de son Etablissement maritime, de ses nombreuses industries, il était utile de formuler une dernière fois nos justes réclamations sur les tracés concédés.

Nous le ferons ici en peu de mots :

inconvénients financiers ., de deux lignes distinctes.

Nous protestons de toute notre énergie contre la construction séparée des deux lignes de Motteville à Saint-Valery et d'Yvetot à Fécamp.

Nous persistons à soutenir que ces deux lignes voisines et parallèles sur une grande partie de leur parcours, *font double emploi* et ne répondent nullement aux intérêts locaux.

Qu'elles leur nuisent, au contraire, par l'accroissement obligé du capital à fournir, et par l'accroissement des frais d'exploitation et de l'amortissement, dont la conséquence sera une surélévation des tarifs au détriment des localités même, qui, sous prétexte d'une diminution de parcours, demandent ces tracés.

ssité de Motteville mr, terminus.

Nous affirmons qu'elles n'offrent *isolément* aucune chance de bonne exploitation, en se dirigeant : l'une, par Doudeville à travers les plateaux ; l'autre, *uniquement* sur Yvetot qui ne lui offrira jamais un débouché sérieux, et qui lui fera perdre le bénéfice de relations directes avec Paris et le Nord de la France que donnerait le raccord par Motteville.

Motteville est, en effet, le centre de convergence naturellement indiqué par la topographie même du pays.

Il est le point de raccordement de toutes les lignes existantes ou projetées.

Là viennent aboutir les lignes d'Etaimpuis, du Havre, de Saint-Valery, de Caudebec...

Par quel secret motif Fécamp, qui n'a rien de commun avec Yvetot, serait-il *seul* dirigé sur ce point ; sans lien aucun d'ailleurs avec le réseau dont MM. Delahante et Girard poursuivent l'exécution ? On lui donnerait une ligne isolée, perdue pour ainsi dire, et qui, dans ces conditions, ne serait jamais sérieusement exploitée.

é demandé par Fé-mp et les vallées.

Nous demandons, au contraire, la réunion des deux lignes *en un tracé commun par les vallées* ; tracé naturellement indiqué par les directions que suivent actuellement les transports, et dont l'exploitation sera rendue facile et fructueuse par la *concentration* sur cette ligne de toute la production possible du pays et du trafic de ses deux ports de mer.

A cette seule condition et avec *Motteville* pour point de raccordement à la ligne de l'Ouest, le réseau du Pays de Caux revêtira un caractère incontestable d'utilité publique et sera un véritable chemin de fer d'intérêt local.

clusions favorables s enquêtes.

Nous le demandons d'ailleurs avec MM. Delahante et Girard qui l'ont proposé les premiers ; avec 55 communes de notre région sur 67 consultées ; avec nos Commissions d'Enquête qui, par deux fois, ont voté cette solution *à l'unanimité des voix.*

Nous le demandons enfin, nous osons le dire, avec le Conseil général de la Seine-Inférieure qui, le jour même où il votait la concession Delahante, votait également, par les embranchements d'Héricourt a Motteville et de Grainville à Cany, la résolution complémentaire que nous sollicitions, reconnaissant ainsi l'insuffisance de son premier vote ; et à nos yeux : *la nécessité d'un remaniement complet du réseau !*

Conclusion.

Nous n'insisterons pas davantage, Messieurs.

Nous n'avons envisagé en cette circonstance que l'intérêt général et rationnel du pays.

Nous nous sommes dit qu'avant toutes choses il fallait assurer la vitalité du réseau, et que l'unique moyen était la *fusion* des lignes de Fécamp et de Saint-Valery *par la Durdent*, dans les conditions de la lettre que nous avons eu l'honneur de vous adresser le 25 juin dernier.

Nous soumettons avec confiance nos conclusions à votre haute appréciation.

Nous n'avons pas besoin d'ajouter que, si le Conseil croyait devoir maintenir la séparation des deux lignes, nous demandons, *avec les plus vives instances*, que celle de Fécamp soit dirigée *sur Motteville* par le trace le plus direct ; Motteville pouvant seul donner satisfaction à tous ses intérêts.

Dans le cas où quelque explication de notre part serait jugée nécessaire, nos délégués auront l'honneur de se tenir à la disposition du Conseil lors de sa réunion.

Veuillez agréer, Messieurs, l'assurance de notre respectueuse considération.

(Suivent les signatures).

Fécamp, mars 1873.

www.ingramcontent.com/pod-product-compliance
Lightning Source LLC
Chambersburg PA
CBHW070916210326
41521CB00010B/2205